行走在山间

恩施支教手记

刘珂羽 著

ZHEJIANG UNIVERSITY PRESS
浙江大学出版社

序 言

　　微雨众卉新，一雷惊蛰始。在这个草长莺飞的美好时节，我很高兴，为刘珂羽老师的书作序。

　　刘老师来自胜利小学，我印象中的她是一位敬业实干的优秀教师，热爱生活，热爱工作，教育情怀浓郁。2018年7月，刘老师受上城区教育局的委派，到湖北省恩施土家族苗族自治州支教，因工作联系，我对她有了更多的了解。历时一年半的支教生活，不只是一次付出与历练，更是一次成长与超越，这段经历给她带来了全新的工作视角和思考方式。更为难得的是，在繁忙的工作之余，她笔耕不辍，将所见所感所思所做集结成这本《行走在山间——恩施支教手记》。读罢全书，一卷支教团队不畏艰险、无私奉献的画面呈现在我眼前，上城教育人倾情投身脱贫攻坚的昂扬斗志令我感慨万千！

　　本书成稿于2021年，这一年，面对世纪疫情和百年变局交织的严峻形势，以习近平同志为核心的党中央团结带领全党全国各族人民砥砺奋进，如期打赢脱贫攻坚战，实现了第一个百年奋斗目标。在实现共同富裕的道路上，我们上城教育人劈波斩浪，砥砺前行，做出了应有的贡献，交出了时代的答卷。我们先后与贵州雷山、湖北恩施、新疆阿克苏、西藏那曲、青海德令哈、四川雅江、安徽祁门等地开展对口支援和教育帮扶，共建共享上城"美好教育"成果，有力推动了当地教育教学质量的提升。近五年，全区有许许多多老师参加各类援派支教任务，涌现出一批又一批优秀典型，他们俯身前行，把上城美好教育的种子播撒到大漠边塞，他们躬耕理想，将杭州引领未来的基因输送到黔江两岸，他们秉持初心，让浙江共同富裕的理念绽放在祖国的南北大江。

甘将心血化时雨，润出桃花一片红。刘老师正是这些优秀援派教师中的一位。她所在的支教地鹤峰县位于恩施州最南端，山路盘曲陡峭，交通极为不便。到鹤峰后，她克服语言、饮食、居住环境等种种困难，第一时间投入教育教学。这本书中，有她与当地孩子课内课外的相处细节，有她对苗族、土家族风土人情的独特感受，还有她参与国家扶贫工作的点滴记录，文字虽朴素淡雅，字里行间却饱含着一份热忱、坚定和深情。

苔米花虽小，也学牡丹开。刘老师的支教心路，也是全体上城支教老师甘于奉献、无问西东的生动写照。这些支教老师们远赴他乡，扎根边陲，躬身为桥，连接山海，他们用双手触摸当地的教育脉搏，用脚步丈量祖国的广袤大地，用笔尖倾泻一路的观察和思考。他们坚持"播好一粒种"，手把手为一线教师诊断课堂，助力学校重构校园文化，汇聚社会力量开展公益课堂；他们坚持"打开一扇窗"，无论短期还是长期帮扶，除了带来专业经验和丰富资源外，也充分展示上城教育的先进理念，为当地教育部门和师生打开新的视野。他们坚持"架好一座桥"，充分发挥自身优势，为帮扶学校带来社会捐赠、资金援助等各种资源，还通过线上线下"四个同步"，不断创新教研形式，深化两地交流。

刘老师在书中写道："个体的力量虽有限，但一寸便有一寸的欢喜。"绵绵发力，久久为功，这是新时代交给支教人的历史使命，也是上城人应当肩负的教育责任。在此，向所有上城支教老师说一声感谢，道一声辛苦，并致以崇高的敬意！

每个人心中都有"一个远方"，它关乎生命的状态与气息，也关乎奋斗的根基与归宿。江河眷顾奋楫者，星光不负赶路人。站在新的历史起点上，我们上城人将继续弘扬扶贫攻坚的时代精神，以主动担当的姿态，积极投身改革洪流，在推动高质量发展的道路上踔厉奋进，永不止步。

是为序。

项海刚

2022 年 3 月 22 日

目 录

第一章 千里行程

劝君更尽一杯酒，西出阳关无故人。

飞机呼啸着穿越厚厚云层，飞向远山的那一边，机舱外的万亩良田渐渐高耸成群山万壑。九天之上，思念无尽，千里之外，乡音茫茫。

古人送行，离情依依长亭外，芳草萋萋古道边；而今，离愁别绪尚在眉头，起降升落之间，人已置身异地他乡。

背上行囊就是过客，放下包袱就是故乡。既来之，则安之，恩施这块神秘的土地上有着无数未知等待我去认识、去探索、去发现、去开垦。年轻时的支教梦终成现实，人生即将开启新的序章。

恩施，我来了。

特殊的建党节

今天是党的97岁生日，于我，也是特殊的一天。从正式接到支教通知起，我花了三天时间交接了工作，办理完手续，整顿好行李，飞速奔赴第一线报到，如此快节奏的角色转变让我始料未及。

我是昨天下午从萧山机场乘坐长龙航空到恩施的。因为肩负使命，所以送机规格很高，上城区委组织部常务副部长季黄辉亲自送我们到机场。与我一同出发的还有上城区委派的另一位支教老师朱强，他和我一样，也将赴鹤峰支教一年半。朱强是天地实验小学的副校长，教数学，40来岁，中等身材，人挺和气，看着应该是个很细心的老大哥。我曾在某个会议上与他有过一面之缘，这一路能与他结伴同行，安心不少。到机场后，我们与杭州市其他区的16位同志会合，他们之中有9人是老师，还有7人是医生，虽然大家都是第一次见面，但共同的身份拉近了彼此之间的距离，感觉亲切，便攀谈起来，我还和其中几位医生添加了微信。

"以后就是战友了，合个影吧！"人群中不知是谁提议的，于是大家就在机场留下了一张珍贵的合照。

经过一晚上的休整，第二天上午，恩施州委常委、副州长吴槐庆为我们开了简短的欢迎会，一同参会的还有恩施州各县市委组织部、教育和卫生系统的领导们。吴副州长是杭州市委组织部委派到恩施州负责指挥全州脱贫攻坚工作的领队，他首先代表组织对我们这群专技人才表示了欢迎，然后对恩施的帮扶工作做了简单介绍，并对我们接下来的工作提出了殷切期望。

在吴副州长的介绍下，我对恩施有了初步的了解。恩施号称"鄂西林海""世界硒都"，森林覆盖率高，含硒量也高，空气质量非常好。但是这里交通不便，信息不畅，贫困人口较多。恩施州是少数民族聚居区，主要以苗族、土家族为主，下辖恩施、巴东、建始、利川、来凤、咸丰、宣恩、鹤峰8个县市。我们这18个专技人才被分别安排到对口县市开展帮扶工作，上城区的帮扶鹤峰县、滨江区帮扶建始县、萧山区帮扶利川市……我估摸着这样"一对一"的安排就和以前的"包干到户"差不多。

所谓"帮扶"，对于我而言，能对应的大约就是新闻中熟悉又陌生的词汇"脱贫攻坚"。通过百度，我了解到国家脱贫攻坚战的目标之一是确保到2020年农村贫困人口实现脱贫，这也是全面建成小康社会最艰巨的任务。"全面建成小康社会……"曾经这些常在政治课本中出现的语句宏观而又遥远，而今跃入眼前，让我有些猝不及防。我默默算了算，2020年？这不正是我支教结束之时吗？这意味着我即将亲身参与并亲眼见证中国脱贫摘帽、全面建成小康社会的过程，而现在我所加入的这个新组织正是国家脱贫攻坚第一线的队伍。虽然支教只是扶贫工作的一小部分，鹤峰的扶贫工作只是国家脱贫攻坚战的极小部分，但当我发现自己竟然能成为这支队伍中的一分子，顿时有了一种与国家命运同频共振、血脉相融的感觉，肩上的使命也似乎在悄无声息中闪亮起来，沉甸甸起来。

欢迎会之后，我们一行人便随接头人到各县市分头对接具体工作。负责带领我和朱强去鹤峰的是鹤峰县组织部副部长田凤云和教育局副局长张新风。

从恩施到鹤峰，车程近四小时，一路上，张新风副局长为我们介绍着鹤峰县的情况。鹤峰县是恩施八县市中最南边的一个县，属于恩施的边陲之地，与湖南桑植交界，同时它也是交通最不便利的县，无高铁、无高速、无港口、无机场，从恩施过来的这段路全靠车子跑。果然，短短一段高速之后，车窗外便开始高山起伏、峡谷险峻，真正的山路"十八弯"。公路依山而建，蜿蜒曲折，山中又多雨，车子需要不时颠簸在有"注意滑坡"标识的泥泞路段。张副局长说，有时山路也会发生泥石流或者山石滑落，建议我们在恶劣天气下不要进山出山。长途跋涉，不免晕困，车行半路，我已经歪着头迷迷糊糊起来，到最后只听得见张副局长的声音，而具体内容却不知道了，所幸老大哥朱强精神很好，一直在和张副局长对话，下车还帮我拎行李箱，很照顾我。

到达目的地后，我们先到酒店安顿，然后在田副部长的带领下办理了党组织关系转接，并确认了各自的支教学校。我被安排到鹤峰县实验小学，这是县城中心的一所老学校，朱强则到鹤峰县思源实验学校支教，这是今年刚建成的一所新校，在城郊。说到两所支教学校的安排，这中间还有个小插曲，起先，教育局安排的是我到思源实验学校，朱强到鹤峰县实验小学，但后来发现鹤峰县实验小学和杭州市胜利小学本就是结对学校，为了更方便开展工作，组织部便将我与朱强的支教单位交换了过来。

和两位校长的正式见面是在到达当天的晚宴上。鹤峰县实验小学的校长叫易爱民，40来岁，个子不高，气色很好，脸上微微透出健康的红色。他很健谈，也很热情，第一次见面就给人一种很亲切的感觉。思源实验学校的校长田勇则是个瘦高个儿，黝黑的脸上架着一副眼镜，早几年他曾经在鹤峰的一所中学工作过，后来到恩施清江外国语学校任教，现在通过竞聘重新回到鹤峰。一同见面的还有杭州选派到鹤峰县联系帮扶工作的县委常委、副县长程志强和同样来自杭州、在鹤峰挂职的扶贫办副主任罗亨斌。程副县长长得瘦瘦高高，戴一副眼镜，花白的头发让他显得比实际年龄年长了许多。他向我们介绍说今年4月自己才被派来鹤峰，旁边的罗主任比他到得早，去年7月已在恩施市挂职一年，今年又调到鹤峰，他们两人会帮助我们在鹤峰开展工作，也会为我们解决生活上的问题。程副县长说话时，罗主任一直朝我们微笑着，罗主任和我同年，身材壮实，脑袋光溜溜，两道浓眉弯弯，笑起来眯着眼睛，显得特别和善，甚至有点可爱。一听说他们也是杭州委派的，我的心中不禁生出一股亲切感。身处异地他乡，是否就会无意识地去寻求这样的身份认同呢？

席间气氛融洽，大家都对我和朱强的到来表示热烈欢迎。程副县长和罗主任笑说平时下班后太冷清了，现在终于"多了几个杭州的兄弟姐妹能聚聚"，总算热闹一些了。易校长则和我们侃侃而谈，说鹤峰少数民族聚居，土家族超过七成，田、覃、向、易是土家四大姓氏，他和田校长便分属土家族的两大姓。看我们听得认真，易校长又向我们逐一介绍了鹤峰的特色,葛鲜米、土豆粑粑、合渣都是不可错过的美食,屏山、木耳山、万亩茶园则是绝佳的观景打卡地。田校长同样有着山里人的爽朗性格,不断向我们表示感谢,希望我们能"把杭州的宝贵经验送过来",还朝我们拍胸脯说一定照顾好我们的吃穿住行,让我们安心住下,把鹤峰当作自己的家,有什么要求尽管提。

如此一番谈天说地,让我这个异乡人对鹤峰的陌生感消除了很多,两位杭州领导的平易近人让我安心不少,两位校长视若贵宾的礼待让我感受到了支教任务的光荣。2018年7月1日,注定具有一番特殊意义。这一天是建党节,也是我作为党员转入新组织的第一天,还是我作为支教新人报到的第一天,这一路上所经历的新奇、惊讶、激动、疑惑、亲近和自豪,让初来乍到的我对之后的一年半充满了期待!

初来乍到

来鹤峰前，我设想过很多当地的样貌。扶贫，那该是有多贫呢？地处山区，是在多深的山里呢？那里的孩子会缺吃少穿吗？那里的校舍是瓦房还是土坯屋？当地是土家族苗族自治州，是否会遇到特色服饰、别样风情？出发前满脑袋问号，来到鹤峰后，才发现现实与自己所想截然不同。

昨日无暇细看，今天早饭后，见离去学校报到的时间还早，我便沿着街道一路步行，细细打量起这座小城来。

鹤峰有明显的城市化痕迹。昨日进城时，我便发现这里钢筋水泥比比皆是，还有很多正在施工的工地，可能是在建设厂房。县城的道路设施已经很完善，坐车从城郊到城中心，水泥道路宽敞平坦，两边路灯一字排开，像一列肃立的卫兵迎面问候。今天步行过来，街道也算干净，应是有清洁工在打扫，人行道上隔几米还有盆景装点。马路两边楼房林立，高低错落，矮的两三层楼，高的六七层楼，一些楼栋门口设有挡车条，并设有岗亭专人管理。一路上，我看到了小饭馆、服装店、小百货店、超市、银行、药店、足浴店、奶茶店、手机营业厅、快递点，转角处甚至藏着个西餐厅，看上去经济发展程度和江南地区城乡接合部类似。再看看手机信号，除了昨晚住宿时略有不畅外，日常使用倒也没有大碍，在这里生活，基本需求都是能被满足的。看来这里早已不是我想象中的"农村"，更不是牛羊随处乱走、鸡犬之声相闻的土村落，"贫困山区"今非昔比，之前我对"扶贫"的理解真是过于刻板了。

鹤峰有十足的烟火气。沿着溇水大道往西走没多久，就到了溇水桥。昨天听领导介绍，这一带是县城最热闹的所在。此刻是早上8点，沿街的店铺已经开张，这边，鞋店的老板娘正把摊子往外铺，把一双双鞋子码整齐，那边，一个老伯挑着几篮桑葚停在桥头，笑眯眯看着馋嘴的小孩缠着妈妈要买。桥面上，几辆小货车组成的车队开过来，每辆车的车身都贴着大幅海报，上面写着某家居市场某日开业，排头车的车顶上安着个大喇叭，用很大的音量循环播放着《在希望的田野上》，成功吸引了街上所有人的注意力。小吃摊前，一个奶奶一边接过热腾腾的包子塞给背篓里的孩子，一边跟老板拉几句家常，再趿着拖鞋，不紧不慢地去旁边菜场买菜。苗族有把小孩子放进小背篓并背在身上的习俗，这还是我第一次亲眼看到。孩子坐在背篓里啃着包子，一颠一颠的，被太阳一照，满足地眯起眼睛来，背篓上"长命富贵"几个字被太阳照得发亮。虽然此时还是清晨，但在这熙熙攘攘的十字路口，我看到一股烟火尘世味已经在大街小巷升腾起来。

鹤峰也有难被遮掩的窘迫。正当我站在马路牙子上好奇地东张西望时，突然几条狗从后面街巷窜了出来，吓了我一跳。正当我往旁边慌忙避去时，脑袋上一阵凉意，抬头看，发现楼上有水顺着屋檐滴滴答答落下来。这样的经历，前日在恩施也有过。我狼狈地拿

在鹤峰县溇水桥上留影

手去擦，无意间看看擦肩而过的人，却见他们来来往往，似已司空见惯。我甩甩头发，暗自祈祷这只是空调管里的水。

"哟，这里竟然有肯德基！"正懊恼间，一旁的朱强像是发现了新大陆。

我顺着他手指的方向看去，不禁笑了起来。只见红色招牌上画着个卡通人物，旁边列着汉堡、薯条等各色菜式图，乍一看就是肯德基，只是若再仔细分辨，店名的英文却写着"KFG"，跟KFC绝不是同一品牌。被我一说，朱强也笑起来。是啊，像肯德基这样的大型连锁餐饮店，设点前必定要做详细周密的市场评估，估计鹤峰的人流量是不够的。但再看店内的客人进进出出，不以为意。这底下暗含的是鹤峰人的市场秩序和文化自洽，必然不是我一个外乡人在短时间内所能知道的。

溇水桥上，人来车往，昨夜刚下过雨，空气格外清新，极目远眺，两边城外的山头云雾缭绕，宛如仙境，让人如痴如醉。溇水桥下，一水碧川，河水莹绿，清澈明亮，它顺势而下，带着人群的吆喝声、车鸣声和烟火气，奔向远方，带给当地人生活的希望，也留给异乡人遐想的背影。

走进老校

上午约好去学校报到。

从昨日易校长的初步介绍来看，这所学校颇有历史底蕴。学校离溇水桥头不远，我绕过白鹤饭店，走到步行街的尽头，便看到了两幢贴着青蓝马赛克砖的素朴教学楼。听说这所学校的历史已逾百年，一眼看去，岁月的确在这所学校的外墙留下斑驳的痕迹。我数了数，教学楼共五层，顶楼正中间有个屋檐，两边檐角挑起，有点像早年的牌坊，底楼正中间是两扇大铁门，顶上写着几个遒劲有力的大字——"鹤峰县实验小学"，两边是一副对联："好好学习争德才兼备，天天向上攀文化高峰。"凑近细看，不得了，校名居然由费孝通题字！这一发现瞬间勾起了我的好奇心：这所学校有过怎样的不凡经历？又有过哪些高光时刻？

此时，易校长已在校门口等我，准备带我参观学校，但又笑说"这学校一眼就能看完"。站在操场上环视整所学校，确如校长所说，主体结构尽收眼底。只见前面是一幢五层的教学楼，后边是一幢七层的行政楼，左边镶着浮雕的那幢是科教楼，右边低矮的三层楼则是食堂。学生全部走读，不住校，学校提供早餐，但不供应中餐，老师的工作餐则在外面一家餐厅解决。我们进教学楼里走了一圈，发现每个教室都坐满了人，孩子们一个个端坐教室，无论是写作业，还是听课，都比较安静。鹤峰的暑假比杭州来得要晚，7月13日、14日才安排期末考试，此刻正是各个班紧张复习的时候。虽然经过的老师不认识我，却也朝我微笑，他们年岁普遍较长，衣着大方，眉目柔和，让人感觉很亲切。

然而，进到教学楼，竟发现这里处处流露出年久失修的衰败景况。学校教学空间不少，只是目之所及，皆有破旧。塑胶跑道已破损小半，露出里面黑色的土层；在雨水长年的冲洗下，教学楼外墙的颜色灰暗下去，还留下一道道水渍；教室地面是凹凸不平的水泥地，写字时，学生的桌椅定然是左右晃动的；墙壁下半边的绿漆早被刮掉了色，留下模糊不清的脚印和涂画的痕迹；走廊上的几块水泥台面，角落明显早已缺损，被磨得锃亮溜圆；厕所的水龙头锈迹斑驳，从天花板上挂下了很长的蜘蛛网……这所百年老校，彼时承载沧桑岁月如许，如今却像是个多年不曾清沐的老人，蓬头垢面，步态蹒跚。

为什么？我心里产生了大大的问号。行政楼四楼的校长室里，易校长向我介绍了学校的基本情况，也解了我刚才的疑惑。实验小学是鹤峰县老百姓认同度最高的小学，大家都愿意把孩子送到这里来，为了让孩子到实验小学读书，乡下一些有想法的家长不惜到县城来打工租房。随着学生数量越来越多，学校规模也越来越大，目前有36个班级，2000多个学生，平均一个班60人，甚至有70人的。目前有老师100名左右，其中很多已临近退休，全校教师平均年龄45岁，像我这样的，在这里算最年轻了。不过，相比老师年龄和班额问题，易校长更头疼的是学校经费问题。

第一章 千里行程 \ 13

"刚刚你在教室看到的电扇也是这几天才装的！像现在这种大热天，60多个人在教室里，才上了个早自修，娃娃们就已经满头大汗，那汗珠子把整件衣服都浸透了！"易校长说着，翻出照片给我看，上面一个小男孩正在教室里读书，头发尖上的汗直往下滴，衣服已经湿了半件，"娃娃们的条件真是太艰苦了！"

我惊讶地睁大眼睛。当杭州的家长正在强烈要求学校安装空调时，这里的孩子竟然连电扇都还没有！这些孩子是以怎样的毅力在这间教室里读书写字的！我不由得想起1999年我读师范大学时的

鹤峰县实验小学校门

场景。当时，我们8个人睡在10平方米的小房间里，炎热的夏天没有电扇，刚洗完澡就又被汗打湿了，一晚上常常要洗三次澡才能勉强入睡。如今二十年过去了，这里的小学生竟然还在经历这样的生活！不过，易校长说，从今年开始，财政应当会宽裕一些了，因为这几年到县城里读书的孩子越来越多，仅一所思源实验学校已无法全数收入，县政府考虑到今后的发展，决定继续保留实验小学，把思源实验学校作为一所新学校来招生。

　　"暑假里，我打算把这半边教学楼的走廊、教室重新粉刷一下，明年再搞那边一半。还有厕所，也得想办法搞好。"说到暑假的打算，易校长皱起的眉头舒展开来，"虽然我们学校老师的年纪偏大，但心很齐的，大家都愿意看着学校越来越好。我们就一步步来吧。前后算起来，我在这所学校待了二十七年了，还是很有感情的，我希望把它办好。"易校长从信息老师到政教主任，再调任他校做校长，现又回这里任校长。他和实验小学有着很深的缘分，他对这所学校有满腔热情，对鹤峰教育也有困境思考。这样的校长是令人敬佩的，这也让我对支教生活产生了更多期待。8月，我将正式来到这所学校，我想知道：支撑这所百年老校的会是怎样一种力量？

启程在即

一个暑假就这样过去了。

整个8月，我都有点心神不定。前方是全然的未知：未知的环境，未知的生活，未知的同伴。身后，同样是一片茫然：一年到头，先生出差在外，如今我一离开，儿子就要由我妈和婆婆轮流照顾。

这个决定合适吗？我无数次地问自己。尽管已经做出选择，但忧虑却依然时常在脑中盘桓。牵一发而动全身，在长辈这里，总觉亏欠。我和先生的父母年纪都不小了，本应是受我们照顾的时候，如今却不得不坐两三小时的汽车，轮流来杭州照顾我们不足10岁的儿子。我一则担心两个妈妈的身体，她们又要带娃，又要打理家里的吃穿住行，万一自己有个头疼脑热，根本没人能换手；二则担心儿子的学习，生活上有长辈照顾肯定没有问题，但学习上总归会吃力些，语数学科上我妈尚能辅导一二，婆婆恐怕只能管好饮食起居。

在援鄂的决定上，我妈是支持我的，或许是因为身为退休教师的她本身对教育怀有特殊的感情，她甚至没有考虑过我独自在外的生活问题，只淡淡地说一句，她可以帮忙照顾孩子。但当初正是这句话，解决了我最大的后顾之忧，让我最终下定决心。婆婆一手带大孙子，对孙子疼爱无比，听到我要去支教的消息后，她好几个晚上睡不着，一来怕我山高路远住不惯，二来心疼孙子要过"留守"的日子。但纵然如此，婆婆却依然尊重我的决定，自始至终没有一句抱怨。先生是最看得开的，讨论时很是慎重，一经做出选择，便转为无条件的支持。等打听到鹤峰的治安还不错，他更是放下心来，说到时再陪我去鹤峰看看住宿。至于儿子这边，我们已经做了一个暑假的心理建设，一开始，小家伙听说我要离开，很不乐意，后来看了鹤峰的照片，知道妈妈是去很远的地方帮助和他一样的小朋友之后，便开始对那个"和杭州完全不同的世界"产生好奇，点点头表示接受妈妈的离开。但这一年半里，他真的过得惯没有爸妈在身边的日子吗？二年级的学习能平稳过渡吗？对于这些问题，我心中依然忐忑。

既然未来不能把控，那么眼下能做的大概只有把自己放进一件件具体的工作中，稳住自己的情绪。认真做好眼下事，无须思前想后。

离出发没有几天了，要考虑的事情确实很多。

首先，联系住处。县里安排了思源实验学校宿舍，然而这所新学校是8月底刚刚竣工的，恐怕还需要半年时间通风。所以接下来或租房，或住宾馆，还得去关注当地资讯。支教学校的同事已在帮我到处咨询，但当地似乎房源不多，我已做好准备自己去找。先生出差在外，昨天打来电话说会同日抵达恩施，陪我去找房子。这样一来，我的心又定了一些。

其次，工作规划。接下来的一年半里，我能做些什么？我有过一些想象。或许可以和当地孩子、老师做一些两地联谊活动？或许有机会下乡，去到更偏远的学校？或许可以结一个对子，甚至组织一些援助活动？当然，还可以写随笔，写论文，看书，把闲暇的时间利用起来。做事需要顺势而为，新的环境，希望能有新的开始。

再次，打点行囊。婆婆很早就开始为我劳心，交代带这带那。两湖地区无辣不欢，7月初去报到时也发现，鹤峰饮食口味偏重。既然带吃的不方便，那么是否带个电饭煲，自己炖点东西吃？山里蚊虫多，温差大，床上用品、蚊帐、驱蚊水、拖鞋等，哪些带去，哪些抵达后采购，得列好清单。临行前几天，我又发现各种舍不下的东西：教学头饰、书、给学生的小礼物、杭州特色小零食……看到就往行李箱装，放满了，打算再找快递寄。这是搬家吗？自己边理边觉得好笑。

最后，当然是告别。这时距离8月25日还有三天。儿子天天和我做离别倒计时，婆婆已经和我妈商定开学后的相关事宜，先生则每晚打个电话来问候几句，叮嘱证件要带好。一切似乎平静如常，却又在微澜波动。告别是什么？告别不只是说句"再见"，它是从心里拉出的一根系在你身上的丝，纵然天涯也难断舍。"心似双丝网，中有千千结"，唯当无限接近离别，才更加明白在一起的意义吧。

起程已在眼前，再次深呼吸，跟自己说声加油，准备拥抱新的天地。

最朴素的情感

转眼已经8月底,暑气随着立秋的到来渐渐消散,新的学年即将开始。考虑到需要提前安顿好生活起居,在跟易校长电话沟通后,我于8月25日抵达鹤峰。原本教育局给我安排的住处是新造好的思源实验学校宿舍楼,但因为刚刚装修好,气味还未散尽,所以在杭州派驻鹤峰的县委常委、副县长程志强的热心联络下,我被临时换到鹤峰县中心医院专家楼宿舍,和我同住的还有上城区清波街道卫生服务中心过来挂职的熊娟娟医生。她和我一样,也将在这里支医一年半,今后,我们便是同行的战友了!

在鹤峰的第一周是忙碌而充实的,有新环境要去适应,有新生活要去面对,有新工作要去开展,有新朋友要去认识。少了家庭的牵挂,慢了城市的节拍,身边诸多良师益友,又日日新鲜事不断,鹤峰的一切于我,是从未进入过的天地。我只觉又回到了背着双肩书包的青春岁月,可以肆意呼吸山水灵气,纵情做些自己喜欢的事情了。

因为鹤峰县中心医院与武汉协和医院、恩施民大医院、杭州临安人民医院都是对口帮扶单位,所以专家楼聚集了十几位来自武汉、恩施、临安的医生们,他们都是来开展短期帮扶工作的,短则一个半月，长则半年，时间一到，便换一批新的医生来驻点支援。我到鹤峰时，这批医生已经抵达一个多月了，对当地情况已比较熟悉，于是我便常常趁下班后一起围桌吃饭的机会，听他们聊工作日常拍案惊奇，侃天南地北风土人情；饭后，如果天气不错，我也会跟他们一块儿散步爬山。大家说说笑笑，相处得十分融洽。

可能因为相距更近，地域文化更契合，在这些战友当中，来自临安的五位医生和我们最聊得来。其中个性最鲜明、让人印象最深刻的是高亚洲。他和神经内科的钱巍、放射科的徐晖、骨科的吴军、心内科的陈继升都是临安人民医院派驻到这里的，驻期一个半月。这位来自黑龙江大庆的东北汉子身板壮实，言语中处处透着东北腔的喜气和幽默。这大老爷们儿是个正儿八经的妇产科医生，但每次我看到他时，都是在饭桌上听他正儿八经地胡说八道。他是全桌人的开心果，会唱会跳，会闹会演，带得动气氛受得住哄，开得起玩笑经得住怼，说话不打草稿，张口能溜段子，有他在的地方总是笑声不断。他给乡（县）卫生院的医生们授课，讲女性性激素，一开口先来一段中国四大爱情故事，分析案例的同时，不忘插科打诨来一句"别笑，其实我挺紧张的，现在我多巴胺分泌较多，面颊潮红，激素水平一下就上去了！"底下的医生听了一上午讲座，此时正有些昏昏欲睡，这一来又笑声连连，越听越带劲儿。

除了日常门诊和培训，医生们还需做手术，偶尔还要去下乡义诊。虽然没有亲眼见到他们的日常工作，但我却有幸了解到其中的精彩部分，这都得益于高医生所做的美篇。粗大汉写美篇，就像张飞捏绣花针，让我有点意外。当然，规规矩矩的通讯非他所长，风趣幽默的白描才是他的特点。鹤峰地处山区，医疗条件简陋，看到骨科吴军医生为做股骨转子间骨折手术而自制骨科牵引床时，他的革命乐观主义精神迸发，"病人的需要就是我们创作的动力，有困难克服困难也要上，没有枪、没有炮我们自己造"；看到放射科徐晖医生下乡义诊只能改用小设备时，他继续用乐天派填补遗憾，"以前都搞大武器，此刻摆弄小玩意"。嬉笑于形，真诚其心。在门诊过程中，高医生慨叹女同志对自己的身体了解不足，主动询问是否有机会给学校、社区义务开课，以此来普及妇科知识。在了解到当地有个孩子家境贫困，连大学学费都无力支付时，他们几个医生主动去看望了孩子的父母，并答应一起资助这个孩子读书，直到毕业。

"你可以璀璨如星，也可以卑微如土。但不管如何，你都不能丢掉内心最朴素的情感。"在美篇中，高亚洲这样写道。

最朴素的情感是什么？我想是善良、责任感，以及爱。带着使命来到鹤峰的我们，肩负责任，也怀抱善良与爱。如果说，肩负的责任更多是来自道德和社会自外而内的要求，那么善良和爱则是由内而外生发的能量。尊重是它的雨露，给予是它的阳光。在喧嚣精致的大城市，这份朴素的情感时常被人们深藏于心，无力发芽；而在粗砺质朴的鹤峰，我看到它悄然破土。

这一周的生活，因这些有趣而又怀有朴素情感的人们，变得鲜活、灵动、温暖。

文化根脉传承的叩问

奔波

当车子摇摇晃晃在崎岖蜿蜒的山道间颠簸了两个半小时后,我的脑袋已经开始抵挡不住晕车的难受。为了保持清醒和平衡,我努力让自己的视线从后座穿过前方的挡风玻璃,盯紧前方的道路。此刻是10月7日晚上9点左右,天上没有月亮,潮湿阴沉的云层深浅不一,遮盖了群山。除了偶尔出现的几盏车灯和道路两旁闪过的几抹灰白色——那是两侧裸露的山石,整个世界已经被恩施大地的黑夜无声无息地吞没。前面的路似乎无穷无尽,急转弯之后依然是急转弯,一座山连着另一座山。这种时候,最盼望路的尽头能出现半星灯火、一户民宅,然而山重水复之后依然暗夜如故,不留给行人丝毫念想。在这样的时间里,整个人都是麻木的,只有隐隐胀痛的脑袋和不断收缩的耳膜在提醒我:下一站,鹤峰。

这不是我第一次行驶在这条路上。下午1点半出发,先坐飞机到恩施,再坐汽车到鹤峰县,等拖着疲累的身体进宿舍安顿好一切,往往已近凌晨。想起上一次来鹤峰,相似的旅途,相似的景物,当时心头只一句话反复:露从今夜白,月是故乡明。如今虽然白露早过,但仍心有戚戚。然而转念又想，所有家人团聚的时刻，祖国各地都需要有人坚守，纵是高山之巅，河川之远，也有人义无反顾，舍小家为大家。东西部扶贫协作是国家大战略、大部署，参与这样的历史性使命是光荣而自豪的，也是寂寞而艰辛的，自然需要一点革命乐观主义精神呵！便是在这小小鹤峰，不也还有四位并肩同行的战友吗？其中两位还将在这条路上比我往返更多次，与他们相比，我这十余个钟头的奔波又算什么呢？

根脉

鹤峰县是一座古老而有灵气的山城。每当天气晴好，这座县城就像一位婀娜少女，展现出迷人的风姿。群山是她的面庞，云雾是她的面纱，山风吹过，云朵摇曳，少女顾盼生姿，令人目眩神迷。而穿城而过的娄水河则是少女温柔的手，她用这双手抚过2892平方公里的鹤峰大地，浇灌和护佑着这一方生灵，也悄无声息握住了一段过往的岁月。

古时，鹤峰县称柘溪、容米、容美。如今县城里用得较多的名字是容美，离鹤峰县实验小学不远便是容美镇，此外还有一条容美街。只是，初见"容美"路牌时，我和同伴都将其看成了"美容"，还在心里哑摸了一阵，现在习惯了这个名字，颇觉耐人寻味。容美，既可理解为面容之姣美，山水之秀丽，也可理解为"容人之好，成人之美"，更可解为"容之美"，取有容乃大，大胸襟大气度之意。不知当年定名时是否有此缘由，这片土地是否沉淀了这样的基因呢？

鹤峰是有文化底蕴的。刚到鹤峰时，我便被告知这里是容美土司雄踞一方之所，距县城不远的屏山上还有当年土司的爵府遗址。在这里住了一阵后，我慢慢地对容美土司的历史有了些许了解。当年的湘鄂地区，并存过多位土司，其中容美土司是最为强大的，他统治这里的时间长达八百余年，且势力东到荆楚，西连巴蜀，南达洞庭，北至江汉平原，雍正皇帝也曾朱批"楚蜀各土司中，唯容美最为富强"。而在中央高度集权的封建王朝，土司制度之所以能成为合法的存在，主要还是因为这里独特的地理位置。鹤峰山高水险，沟壑遍布，如今，即便已通公路，坐车来一趟也着实不易。遥想八百年前的容美，该可算蛮荒之地，进山必然更加艰辛。清代文人顾彩在《容美纪游》中描述："虽贵人至此，亦舍马而徒行，或令土人背负。……宜乎自古迄今，不能改土而设流也。"改土归流是明清朝廷对西南少数民族的统治政策，即废除世袭土官，由朝廷派遣官吏集中管理。因为官员任期一到便要更换，所以称为流官。极其艰险的交通条件使得统治者每每止步于此，朝廷无法派遣流官，便只能默认授管理权于土官。古时，土司作为当地的"土皇帝"，成为湘鄂地区的实际最高统治者。他们依凭天然的屏障，在各座山上或石洞中修建行宫爵府，屯粮练兵，抵御外敌。

独特的地貌催生了独特的文化，虽然"土司"这个词听起来很土，但从文史记载中可见，一代代土司饱读诗书，很多还在诗词歌赋方面颇有建树。他们中出过多位诗人，有过多卷诗书传世，也与当世名士相交，为后人称赞"始知世上客，不如山中人"。最鼎盛时期的土司还将自己的行宫爵府设计为避秦的桃花源，其中包括戏楼、藏书洞以及众多寺庙宫观等，具有一定的文化艺术品位。今年国庆期间到新华书店，我偶然翻到2018年9月刊的《中国国家地理》，其中对容美土司遗址做了详尽报道。报道中特别着墨描述了容美土司对中原传统文化艺术的崇尚和效仿，这让我心中的土司形象少了三分刀枪斧钺，多了几许儒雅斯文。既然土司对中原文化身体力行，想来这片容美大地也该是有着耕读传家的风气吧？这让我从心底生发出一份对知识分子的敬重，以及对容美百姓文化根脉的好奇。

传承

我不知道土司管辖下的百姓是如何接受教育的，但既然土司对中原传统文化如此尊崇，想必其后会有追随者。或许是这一股诗书传家的影响力一直绵延至今，如今的鹤峰县城里，人们对于教育也极其重视和支持。为了子女能到县城读小学，很多家庭想方设法从乡镇搬家迁户，这也连续几年使得县实验小学学区生爆满，一位难求。为缓解就学压力，今年8月，鹤峰县思源学校正式立校招生。此外，火爆杭城的培训机构在这里同样有很大市场。晚托班、英语培训、写作、奥数、乐器、舞蹈、体育……林林总总的培训机构，虽不如杭州密集，但还是能在县城最热闹的步行街附近找到。有一次我在吃晚饭时，路边有学生跟我热情地打招呼，他们正准备去上培训班的课。我一眼望进去，不足8平方米的教室里坐着十几个孩子。听说有孩子中午吃口饭，便赶着上奥数课，傍晚放完学后再去上英语课。如此密集地开小灶，想必父母为此花费不少。

乡镇的家庭到县城求学，县城的便想往州里求学。在我身边，很多同事朋友都有孩子在恩施高中读书的。恩施高中是恩施州最好的中学,听说一本升学率可达惊人的90%。为了照顾孩子起居,一些家长还跑到那里打工,甚至在那里买了房子。为了孩子读书,夫妻分居,还要每周花七小时驱车奔波于山路间,我听起来觉得不可思议,当地人却习以为常,视为应当。不过,在恩施八州县中,鹤峰的重教之心确为人所共知。当地老师告诉我,鹤峰县的教育在恩施州是可排名前一二的,只要大人们有能力,勒紧裤腰带也要供孩子读书。

崇文重教,根脉绵延,非一朝一夕可抵。没有人告诉过我鹤峰人对诗书传家的执着和热切究竟源自何方,但穿越八百年风雨回望,我仿佛看到一个白衣儒将,他眉宇间英气凛然,一手长枪,一手卷帙,临风而立,他面前的溇水河对岸飘来稚子的琅琅书声。

相遇

来到鹤峰县实验小学的第一天,我就受到了孩子们淳朴的欢迎和好奇的打量。"Good morning, everyone. I am your new English teacher, Ivy. Can I have your name?"说话间,我在黑板上写下自己的名字,并用亲切的目光向近60名六年级孩子发出邀请。看得出来,孩子们感觉很新奇,有的和同桌挤挤眼睛,有的偷偷抿嘴笑,可只是互相观望着,没有一个人举手回答我的问题。我请了一位看上去大胆些的男生,他却惊慌地朝我摇摇头。"I am Ivy. What's your name?"我放慢语速,微笑着鼓励他。终于,男生结结巴巴说出了自己的名字。"Nice to meet you!"我略带夸张地和他握手,并示意全班同学为他送上热烈的掌声。许是发现老师给的不是压力,而是鼓励,慢慢地,终于有孩子主动举手了。一堂课中,虽然能说出完整句子的学生寥寥无几,但慢慢带动的参与感让我看到了改变的希望。

然而,孩子们的学习现状依然不容乐观。第一堂课后,便有孩子略带羞涩地问我:"老师,上课时,您能不能说中文?不然我听不懂。"我压抑住心头的惊讶,看着他的眼睛,一个词一个词地认真回答:"Sorry, it's an English class. We must speak English in class.如果实在怕听不懂,课前你先预习一下,下课后也可以来问我、问同学,但上课时一定要想办法去听、去猜。"能背下学过的单词,却无法拼读新词,能熟练地背诵课文,却无法给出自己的答案,能读写单词,却无法用它们自由表达……一个月来,我深深感觉到了孩子们"哑巴英语"的学习困境。英语于他们而言,还只是停留在书本上的单一字符,而非生活的一部分,更非改变思维、开阔视野的工具。

我该如何帮助他们?除了在课堂上尽可能地为学生搭建语言与生活的桥梁,课后也必须为他们创造更多开口、动笔的机会。于是,我在课外给孩子们设计了需每天听读的roadmap,鼓励他们尝试"21天好习惯计划";每周,我会利用周末在班级微信群收听每一个孩子的录音,纠正发音和断句——受湖北方音的影响,孩子们在口语表达时常常n、l不分,尾音n又容易重读为nen;我还要求孩子们结合鹤峰街道方位,仿照课文自编对话,经修改后做成小报,美化教室的同时,也可以相互学习……

就这样,学习氛围慢慢营造起来了。我逐渐发现,微信朋友圈

作者与 301 班的孩子们

里，有家长开始每天发孩子读英语的小视频了；课堂上，举手的孩子多起来了，甚至偶尔会蹦出几个有创意的答案；课后，孩子们会凑过来跟我聊天，问我国外是什么样子、那里的孩子是怎么上学的。看着孩子们好奇而热切的眼神，我微微有些感动：好学向上之心生而有之。孩子是最单纯无邪的，他们是多么希望了解这个世界，获得更多知识啊！唤醒孩子向外突破和生长的渴望，呵护他们成长的每一小步，这是每个教育者的终极使命。为人师者，可以怎样合理利用现代教育技术，让大山里的孩子享受外面的优质资源？容美大地绵延几百年的文化根脉要怎样与当下这个科技迅猛发展的时代接轨？鹤峰独特的地域文化可以怎样奠基出一代孩子的民族自信？每每思及这些问题，我都深深觉得自己所做极其有限，可以做的还

有很多。我是幸运的，能成为国家大战略中的一颗螺丝钉，也有缘
与鹤峰的孩子们共享彼此的喜悦与欢欣。为鹤峰的发展尽己所能，
以心换心，以情换情，这将是我这个新鹤峰人的最大心愿。

不是伟大

　　鹤峰的天气有明显的山区特点，一入深秋便是冬。因为上次来鹤峰没有带足冬衣，所以我和熊娟娟医生、朱强老师便向工作队请假回了一趟家。虽说工作队允许每月利用周末回家一趟，但因为来去不便，我也不是每月都回去。所以，一旦回了杭州，就意味着得集中性地料理一回家事。这次回家搞得像打仗一般。转眼几天过去，又要起程回鹤峰，临行前，我惊讶地发现自己的体重居然轻了四斤。

　　下午，我和熊医生、朱老师在机场碰头。因为从机场到鹤峰还有三小时的山路，为了有个照应，也为了节省路费，大多数时候，我们都会约好同行。今天，首航的飞机坐着很不舒服，飞机非常不稳，途中颠簸得厉害，很少晕机的我也有点难受起来，便闭上眼睛养神，这时，旁边的熊医生却紧张地握住了我的手，连说几声："哎呀，天哪！"我微微睁眼，隐约捕捉到她略显慌乱的眼神。这种时候，冷静是最好的慰藉。于是我闭着眼睛安慰她："没事的，放心。我们都是平凡的小人物，哪会遇上大事件呢，只管放心大胆些！"

　　今天的班机上，除了我们三个，我还意外遇到了上城区一所兄弟学校的老师团队。想起上周L联系我说要来鹤峰县中营镇参加教研，我还叮嘱她中营的晚上会比较冷，要带上羽绒服，没想到大家居然是乘同一个航班去的鹤峰。

待飞机平稳些后，L坐过来和我聊天，问了我当地的一些生活情况，我告诉她除了饮食上油盐过重不太习惯，宿舍里虫子多一点，生活可能比较单调之外，其他都能克服。她连连表示惊讶说："你真是好伟大。"然后又仔细问家里孩子怎么安顿、平时能不能回杭州、机票如何报销之类，还开玩笑说下次她也丢下两个娃支教去。

我朝她微笑。其实，每个人心中或多或少都会有逃离当下的渴望，"生活在别处"本来就是每个人潜意识的欲念吧。对我个人来说，选择支教似乎没有任何困难，这是因为我是非常渴求不同经历的人，自理能力尚可，生活要求不高，性格还算乐观，很早的时候便有过支教梦，这次来鹤峰算是圆了我年轻时的一个梦想。做决定之前唯一顾虑的是孩子，而在关键时刻，家人给予了强有力的支持，孩子也顺利度过心理建设期。我的支教算是天时地利人和。而L，她能放得下两个孩子吗？孩子能放得下她吗？

下了飞机，我和L道别，各自和同伴坐车奔赴鹤峰。对于这种奔赴，我已经开始习惯：首先是过三条隧道，近一小时后，高速便结束；接着绕过宣恩，一小时后会再遇到一条隧道，这是鹤峰界的标志，穿过隧道，便算入了鹤峰境；翻过沙道沟，大概50分钟便能看到满山红大道，一旦进了县城，终点也便在望。眼前有谱，心里不慌。细数路边的景物，估摸前一站的距离，便能驱散可能发生的晕车。我想，L初来乍到，或许会不适应。于是下了飞机后，我特别交代L，这里山路崎岖，千万别看手机，做好晕车的准备。L点点头，有点似信非信。

晚上9点多，我已到宿舍，询问L是否抵达中营，过了十多分钟，短信过来："太不容易了，终于到了。几次翻江倒海，不过还是坚持住了。"看来L还是晕车了。毕竟是三四小时的十八弯山路，连开车的司机都说会晕，绝不敢看手机的，何况对这里人生地不熟的L。不一会儿，短信又过来，"你太伟大了，在这里还是很不容易"。

L说的"不容易"大概指进山的这段路吧。确实，我一想到这条盘山公路就会有点发怵，我们几个新鹤峰人每次进山前都需要做一点小小的心理建设，比如互相打打气勉励一下，然后踏上"征途"。但要说"伟大"，我倒并不觉得。到鹤峰之后，我不是第一次听到这个词了，在接风会上，在老师围聚的办公室里，从学生家长的口中，我都听到过。只是，抛家舍口几千公里就是伟大吗？驻守在山高水长的偏远山区就是伟大吗？不，不。结识一批有志战友，是青春的情谊；体味一段别样生活，是人生的精彩；跻身大时代的战略部署，更是我们的幸运。

伟大的是谁？我想，首先是站在我们身后的家人，是他们把小家安顿好，让我们心无旁骛飞赴前线。这学期，我妈帮着带儿子，至今没有一句抱怨，也没有提一句难处，周末婆婆换班带，也毫无二话，随叫随到，这让我可以完全放心地在鹤峰开展工作。其次当然是在精神上、行动上关照和支持我们的领导和组织。曾经"组织"这个词很虚，甚至一度被写成网络段子调侃过，但到鹤峰之后，我面前的这个"组织"却一下子具象起来，它变成了程志强、罗亨斌、朱强、熊娟娟，变成了每天和我打交道的一个个具体的人，变成了各级党支部，变成了杭州市胜利小学、上城区教育局、杭州市委（上城区委）组织部，变成了鹤峰县实验小学、鹤峰县教育局、恩施州（鹤峰县）帮扶工作队……组织的支持也从集体会议的文件和口号变成桌上的一杯茶，变成程县长第一天为我们奔走全县寻找宿舍的26026步，变成鹤峰县实验小学即将落成的学校跑道，变成"一米阳光"公益课堂上的每一张笑脸。或许真正的伟大就是这样，安逸时无法觉察，只道寻常，人到前线，方觉温暖。

三天后，L结束中营镇的行程，返杭前给我留言："我已经迫不及待想回去了。支教还是伟大的，付出还是多的。你自己好好保重，幸好现在可以视频聊天。我佩服你。很多事情，只有经历过的人才体会得到，我才来这里三天，已经略感孤独了。"

辞亲远行，看不到亲人故友，精神上的孤独是必然的。不过牵挂虽长，牵绊却少，这一年半便成为弥足珍贵的"和自己的相处"。工作、学习、交友、行走、记录……细碎的时光中，没有伟大，只有平凡。

是什么给了他力量

到鹤峰以后，我开始给上二年级的儿子写信。

我在信里向他描绘鹤峰的山，分享我吃到的辣椒和洋芋，告诉他这里的小朋友喜欢的游戏。第一次收到信件时的他很兴奋，在外婆面前好好地炫耀了一下。回家后，他也雄心勃勃地给我写了信。半个月后，我收到了他的回信，信封上是歪歪斜斜的一长串收件地址，看起来应该描了不少时间。信封里面是一小张他自己裁的铅画纸，上面画着一个大圆圈，里面是两个小圆圈和一个上弯的弧形——这是他的自画像，表示心情不错，旁边写着：妈妈，我想你。今天我跳绳跳得很好，我很高兴。

之后，我和儿子就开始了这样的书信交流。不过大多数时候，是我写给他看，他偶尔想到了会回我一封。我买了四种不同的信纸，换一个季节就换一种信纸。外婆总是嫌我信太长，说有时候儿子读了一半就得写作业去了。不读就不读吧，我不管，照样写，照样寄，只是后来信写短些，有时我会夹几张照片寄过去。

从大山里出来的信走得很慢，有时还会寄丢。但幸好每封杭州的来信都收到了，每次信里都会有一个火柴人，嘴巴的弧度有时朝上，有时朝下。有一次，他用卡纸做了一个包包送我，旁边笨拙地写着"打开有惊喜哦",果然,包包里面还套着一个小包包——儿子的奇思妙想里总是藏着满满的喜乐和光明,让人忍俊不禁。

妈妈不在的日子里,小家伙依然走在既定的轨道里,心境不曾被打乱,是什么给了他力量?

当米黄色的信件翻山越岭到家里积攒起一盒子时,信纸的底色从枫叶变成了清荷,儿子的二年级结束了。

回想他的这一年,小小的片段一个个涌入我的眼前。杨老师说,儿子仿佛一下子独立、成熟起来,比妈妈在身边时表现更好;吴老师说,儿子在科学课上的表达很有逻辑性;汤老师说,目前语文学习小步前进,幅度很稳。

前几天,外婆说,儿子处理问题有自己的想法,班里有个同学好几次弄坏他的铅笔,问他要告诉老师吗——"告诉老师是没用的!"问他要告诉他妈妈吗——"不用,他妈妈对我们很好很好的!"又问,那你打算怎么办——"以后不跟他玩呗!"铅笔的赔偿怎么办——"算了嘛,反正家里铅笔那么多!"我又想起那晚,为了练好一篇活动宣讲词,他和我视频通话了两小时,背稿、练习语气和表情,虽然中间信号多次中断,但他还是坚持下来了。

说实话,我跟儿子联系得不算频繁,有时一两天不通话都是有的。多数时候是因为他没时间,少部分时候是他暂时忘记了我。妈妈不在的日子里,小家伙要和外婆或奶奶生活,要独自处理学习,是什么给了他力量?

支教出发前,我郑重其事地告诉儿子:"妈妈要去一个很远很远的地方工作,整个二年级,我都没有办法在你身边。"他扬起小小的脸蛋问我："为什么要去那么远的地方？"我说："那里有很多和你一样的同学、老师，他们在学习上、工作上有一些问题不知道怎么解决，妈妈想过去看看是不是能帮到他们，另外，妈妈自己也有需要解决的问题，要请他们来帮助我。"

儿子懵懂地点点头，互相帮助，这个解释他能接受。对于一年半的时间，一年级时的他还没有什么概念，相比较这段时间里的其他问题，他可能更烦恼以后不能和妈妈一起睡觉吧。

五一放假回家时，晚上陪他去小区楼下跑步，我惊讶地发现，就算自己加快脚步也跑不过他了！闲聊中随口问儿子，今后想做怎样的人，他几乎不假思索告诉我说，想做一个像妈妈一样的人，会去支教帮助别人，会因为学生比自己优秀而高兴。"我也要做老师！"说这话的他颇有点豪迈。说实在的，在周围人的眼中，教师这个职业并不是最适合男孩子从事的，我也一度抱此态度。然而，在听到这句话的那一刻，我却由衷地感到骄傲。

妈妈不在的日子里，小家伙的价值观开始萌发，这颗萌芽纯真、积极、友善，它最终会长成什么样子？

第二章 三尺讲台

　　庆幸自己是个老师，只需躬耕于小小的三尺讲台，方寸之间充盈的是彩色童年和单纯的心。无论是鹤峰，还是杭州，眼前都是童年的味道。每一天，我的学生都在提醒我，要用简单的眼光看世界。如此，生活便时时欢喜，处处确幸。

　　童年终会过去，而童心却能一直葆有，愿你我历经山河，依旧少年。

一寸便有一寸的欢喜

周一的早读，和孩子们一周的第一次照面照例从周末作业的点评开始。

孩子们在课代表的带领下读英语，我在投屏器上展示孩子们的口语作业成绩。平时，我从不在全班面前展示个人考试分数，因为按考试大纲得出的"绝对客观的分数"过于隐私，但这次的分数是我根据孩子们的口语基础给的"相对客观分"，我不仅要让孩子们看到分数，还要让他们透过分数看清自己和同伴们的努力，以及今后的学习方向。

在投屏器上，孩子们的名字一个个清晰赫然，大多数名字旁都有分数，不少分数旁边还加上了数量不等的小圆点。我边展示边带着孩子们回忆了第五单元的学习重点和上周末的口语作业要求。第五单元重点讨论职业，通过"What does he do？""Where does he work？""How does he go to work？"三个话轮讨论某位家人的职业情况，正确的问答是重点，动词的三单变化是难点。为了改变孩子们现有的"会读不会说"的现状，让他们把书本上的语言知识转化为平时的语言能力，我请他们利用周末跟小伙伴用这三组问答编一则对话，并上传录音。为了降低门槛，也为了让孩子们对自己的努力清晰可见，我告诉他们：无论好坏，只要提交录音，便有60分；根据正确（+20分）、流利（+10分）、发音（+10）、对话设计逐项加分。分数没有上限，只要努力，120分甚至200分都有可能得到。从周末收到的100多条录音来看，孩子们完成得都很认真，其中不乏值得称道的好作品。为孩子们周末的努力花点时间讲评，应该且必须！

孩子们伸长脖子，热切地搜寻投屏器上自己的分数。是啊，自己付出努力的作品，谁不想得到一个肯定呢？于是，我先大大表扬了所有提交作业的同学，肯定了他们愿意为成就自己而踏出的这一步，然后表扬了在这个周末愿意尝试多次，不断改进对话的几位同学，特别提到了作业拖欠户Y和L的录音。这是Y同学第一次主动提交口语作业，我得抓住机会放大他的优点！不过，作业点评绝不能只是终点，得让孩子们找到之后的学习起点。于是我告诉他们，100分以上和100分以下的同学分别需要在对话组织、动词变化上努力，最好重新听听自己的录音，给自己"挑挑错"，给别人"挑挑错"，比如这次错误率最高的是works、goes等，我在黑板上写下几个词举例分析。

最后，我问孩子们："这次作业中，有110分，也有80分，你觉得你的分数代表什么？"

"还不够好呗。"底下传来一个声音。

我微微一笑。"80分确实没有110分高，能觉得自己不够好，说明我们同学很有进步的潜力啊！但同学们，你看到的这个分数只代表你昨天的付出。无论高低，它都已经过去了。只要你愿意，我随时欢迎大家提交新的录音来替代今天的分数！我们让作品说话，谁知道今天的80分会不会变成明天的120分呢？你们说，对不对？"

"对！"同学们齐声回答，干脆利落。

课间，我一边给几个同学订正错题，一边让课代表盯着未交作业的同学补做对话，这时，H同学拿着课本挤在旁边，几次三番想插话，但我都没空搭理。上课预备铃响起，订正的同学纷纷回了座位，我才终于腾出空来听H讲话。H要跟我说的只有一句话："老师，今天我跟M重新发一个录音给您好不好？"H清亮的大眼睛满是期待。

我笑了。

"如果你想造一艘船，不要召集大家收集木头，不要给他们分配任务，而是要教会他们对浩瀚的海洋心生憧憬。"最近，我脑中经常想起这句话。教会造一艘船只需按部就班，但唤起对大海的向往则需要无限的想象力。山里山外，孩子的天性是一样的，对成就感和认同感的渴望也是一样的。这里的孩子确实没有好的语言环境，没有好的学习习惯，没有好的展示平台，但老师要做的不就是不断去唤醒他们的自主性，不断用广阔的知识海洋去吸引他们吗？哪怕行进缓慢，哪怕时有反复，只要不断趋近成功，一寸便有一寸的欢喜。

向上之心

下午4点半，我批改完最后一叠作业，瞄了一眼时间，准备收拾东西下班。

"刘老师，我来写作业！"这时，小张的声音响起，"我还把李××带来了！"说着，小张得意地朝身边的小李努努嘴。

小张的出现并不令人意外。今天最后一节课时，我单独问他，今晚的作业会不会再次"不小心忘做"，如果愿意，可以等会儿来办公室做。当时他敷衍地朝我点点头。我在办公室等了半小时他都没出现，正当我以为他已经回家了的时候，他居然来了，还带上了小李。

小张和小李都是脑袋灵活、作业拖拉的孩子。平时放学后，小张由托班老师管学习，成绩还稳得住；小李则基本靠自己，课堂完全凭兴趣听课，十次作业中，能按时交五次就不错了。由于各科作业都拖欠，前天的英语作业小李还没补完。上学期以来，我找他谈过两回，并根据他的基础适当降低了听写、背诵的要求，比如句子听写能写出一半便算全对。平时的全班性表扬也往往会提及他的小小进步。看得出来，他对我、对英语学科即便算不上多喜欢，至少不抗拒。

我给两个孩子收拾出两个位置，也表扬他们主动要求补课的行为，两人都不好意思地笑了。今天小张的作业是默写A部分词句，用不着我多说什么，他就已经开始朗读默记；小李却对课本的内容还很不熟悉，几课问题积攒起来，靠这一时半会也没办法解决多少问题，于是我只能挑重点教他读课文，让他以拼读的方式记忆单词的音形义，再结合对话去领悟动词的过去式变化。小李脑瓜好使，很快就理解了动词的两种变化方式，加之我的不断鼓励，拼出一个slept被表扬，再拼film便更加认真。

　　一节课时间后，孩子们背上书包走了。小张是轻装回程的，心情愉悦；小李则还需回家把抄写补上，但情绪也很好。送走孩子，锁了办公室门，我一路只想着一句话：人人都有一颗好学向上之心呵！尤其对学习成绩、学习态度、学习习惯均没有优势的小李来说，这颗心更为珍贵，它可能没有得到过很多正面的滋养，但它依旧娇嫩鲜活、晶莹剔透，极需被珍视、被呵护、被浇灌。我们老师要做的是让孩子们的这颗心被看见、被关切、被营养，让它们在荣誉感和成就感中健康成长。有些孩子的这颗心会因长时间没被关注而悄悄尘封，甚至结茧，那时候再想破开硬壳，就相当之难。在教育圈工作了一辈子的表姐认为："如果孩子在上大学时依然热爱学习，并保持兴趣，那么教育就成功了。"姑且不论这个说法是否经得起推敲，但若以此作为推论的起点，便能看到它所展现出的一派光明。都说最好的教育是自我教育，兴趣是最好的老师，如若孩子们的好学向上之心能一直保持，即使现在学习略微落后，相信日后依然能迎头赶上，寻到适合自己的一条积极向上的道路。

　　心念及此，想着明天得跟全班夸一夸小张和小李。首先，能想到去完成作业，是一种自我约束力，一种自我期待。谁不愿待在舒适区，满足肉身对无拘无束的贪恋呢？但只想满足生理需要、不愿冲破舒适区的只是心智低下的动物。作为高等动物，我们需要有自我约束力去挑战自己。这是最难的一步。其次，小张和小李面对困难，选择迎难而上，是一种勇气。不是所有人都敢跨到困难当中去。还是那句话：如果你想解决问题，你会想出很多办法；如果你不想解决问题，你会想出很多借口。当小张和小李走进办公室的那一刻，我知道，他们为学习而生的心已经准备好了。这是勇气和决心带给他们的力量。这股力量使得他们在之后的四十分钟时间内认真、高效地完成了学习任务。最后，能发现自己的短处并及时寻求帮助，是一种解决问题的行动力。两人都知道自己的短处在于自觉性不够，于是他们决定通过老师的督促来弥补自身的不足。这真是大智慧呀！承认自己不够完美，这可不容易。他们两人互帮互助，商量着一起来找我帮忙，其实这就是一个自己逼着自己克服缺点、让自己变得更加完美的过程！现在，让我们问问自己，我们是否愿意像他们这样，给自己提要求（自我约束），鼓足勇气和决心承认自身的不足，并想尽一切办法让自己克服？我相信，每个人都能做到，那是因为人人都有一颗好学向上之心。这颗心最珍贵。人的一生会遇到很多事情，有喜有悲，有惧有怒，真正给到清晰方向的往往是我们的内心。让我们互勉：让这颗向上之心永葆鲜活，最终看到坚持的美好。

春天里初开的蓓蕾

在这两星期的课堂上，我偶尔可以捕捉到小黄的眼神了，那双眼睛和其他所有孩子的一样明亮，一样清澈。我也看到了他的笑，有点羞涩，也有点腼腆，像春天里初开的蓓蕾，谨慎却期待着拥抱光亮，我甚至感觉到了他在举手，只不过不像其他孩子前倾着的高举的手臂，他的手臂安静又拘束地贴放在课桌上，似乎对周围热切的声响无动于衷，但是他微微上抬的手指和紧盯着大屏幕的专注思考透露出他隐秘的渴望。

上学期，他不是这样的。

在上学期的课上，除了点名，我几乎没办法让他主动注意到我。因为他的脑袋总是低垂着，他的眼睛总是望向地面或是桌面，哪怕我单独与他交流，他的眼神也一直躲闪着，如果一不小心迎面撞上，他便立刻缩回某个角落。眼睛是心灵的窗户。有时，我想，是我的直视太过凌厉吗，是否他得关上这扇窗户，才略微感觉到一点安全？确实，小黄的成绩并不理想。课堂上，他是永远沉默的其中之一，存在感几乎为零；下课时，他是躲在人后的其中之一，一见老师就找机会绕道走；放学后，他是没有家长监管的其中之一，大部分作业交不起来，"盯、跟"是补交的唯一途径；听写，十有八九是白卷，期末的听写过关，他是花最长时间的一个；每周的课文朗读，总要一句句领着，他才勉强能读。

那么这学期，他那些细微而不易觉察的变化是怎么来的？因为"盯、跟"做得更到位了吗？我一边想着，一边在心里暗暗否定。因为从为师者的角度来说，我觉得没有做太多特别的事，除了给他降低读背要求，允许他迟一天交作业，听写满分允许有三次错误……这些措施确实是为他量身定制的，但上学期也是这样做的。此外还有什么呢？哦……一定要算的话，还有表扬。

算起来，这学期，我对小黄有过四次表扬。第一次是在全班面前朗读之后表扬他读得比以前响亮——其实这算不上"响亮"的疙疙瘩瘩的朗读，是前一天傍晚我特别叮嘱他准备的；第二次是在听写出三个词组之后在本子的一句留言："这次不错，有进步"——按我们的特别约定，不管是否能写出句子，词组写对就算满分；还有两次是在全班面前表扬他和其他几个孩子主动补交朗读作业——周末的口语作业，周一早上交也算"按时"。对于一般孩子而言，这些行为最多算"及格"，但对小黄而言，达成还是需要做出努力的。换位思考，如果我是一个不善管理时间、基础薄弱得几乎听不懂课堂内容、没有家长指导和约束的10岁孩子，让我每天对着大段大段看不懂的英语课文，完成抄写、朗读等作业，我也定会很痛苦。甲之砒霜乙之蜜糖，小黄能在课堂上有这样的微妙变化，表扬显然是必须且必要的。

这样想起来，谢宗宪、李威、李高洁、张喆、田际康、文子墨……类似的一拨孩子或多或少有着同样的悄然变化。

关于夸奖，叶圣陶有个著名的"四块糖果"的故事。学教育学时读这个故事并不觉得有多神奇，但当自己有了教学实践，再重新来看这个故事时，发现其中的教育意义耐人寻味。

能否从坏结果中挖掘积极意义，取决于老师看待问题的角度，更取决于老师自身拥有的积极向上的力量。能够找到学习表现不怎么样的孩子的优点，并且陈述得让他信服、让听众信服，并不容易。很多文章提到过表扬的技巧，比如表扬要具体、表扬要恰如其分、表扬要在合适的时机等。技巧形外，道法在心，不管采取何种方式，最重要的是以此激发孩子持续的动力，而要做到这一点，一双敏锐洞察行为动机的眼和一颗传递善意与真诚的心足矣。

听我说声谢谢你

"送给你小心心，送你花一朵，你在我生命中，太多的感动……"

今天课前，三（3）班的腾晴和梓淇跑过来扯住我衣角，抢着告诉我要"再"送我一首歌，还解释说因为今天是感恩节。被她们一说，立刻有同学举手要一起参加"送歌行动"。

我笑了。要知道，昨天，两个小姑娘已经为我唱过一首歌了，只是当时向我"表白"时，两人忸怩地对瞅了彼此好久，才敢悄悄说出口，一副欲语还羞的神情。我是向来鼓励孩子做"爱的表达"的，今天她们能表现得这么大胆直接，应该是昨天的尝试得到了我夸张的肯定吧。

其实我是做好准备在课上跟孩子们聊聊这个"洋节"的，只是没想到孩子竟然抢在我前面了。听着孩子们稚嫩清亮的歌声，我有些许感慨。人类的情感表达是多么相似啊！喜欢你，我便愿意为你创造美好和快乐；喜欢你，我便会想让你知道，在亲密关系中，莫不如此。

去鹤峰各乡镇学校时，常常会听到校长和老师开玩笑说自己学校或班里的学生"野""基础差"，我知道这些都是校长和老师们的谦辞，或者是对我课前开展教学设计时的友好提醒。但在当地教研时，总少不了有老师问我，杭州的孩子和鹤峰的孩子是不是差别很大？的确，两地的教育土壤是我们不得不承认的差异所在。但撇开教育资源、家庭背景不谈，孩子本身是没有本质不同的。用朱强老师的话讲，"在作为'人'的方面，大家都是一样的"。

孩子们的情感表达一样真挚。杭州的孩子给过我很多小确幸、小惊喜，去年毕业的孩子还特地寄了礼物给我，令我意外之余好生感动。在鹤峰，孩子们同样会用自己的方式为老师送上真心，与包装精致的礼物相比，虽然一首歌、一句羞涩的"Ivy老师我喜欢你"略显粗糙，但其中传递的情谊一样直接、热烈、纯朴。

孩子们的好奇心一样强烈。在这里，课堂上，孩子们也会提出与我在杭州课堂上类似的问题，因为孩子的认知规律总是一致的。文化积淀和认知程度的差别可以通过调整课堂目标来弥补，但一些孩子的探究欲、求知欲之旺盛仍然经常让我暗暗称赞。今天介绍感恩节时，提到中国历史上下五千年，下课时，焰圻追着我问"明明现在才2019年，怎么会有五千年历史"。杭州的孩子不缺资源，视野开阔，父母恨不能把天底下所有的学习机会都摆到孩子面前供他选择。然而，资源多了、见识广了，一些孩子反而会不珍惜。相比而言，鹤峰的很多家长没有给孩子提供学习支持的途径，也缺少提供学习条件的能力，但孩子对学校、对老师却普遍比较尊敬，对待知识的姿态也更为谦卑。外在的支持始终是有局限性的，教育的最终目的是自我教育，两下比较，谁能走得更远更稳，还真难说。多与少之间、稀缺和泛滥之间如何平衡是值得我们深思的问题。

孩子们的社会交往一样得体。在我的印象中，鹤峰孩子整体都是懂礼貌、知分寸的，县城和各乡镇中心学校的孩子见识多些、胆子大些，看到陌生老师时会主动喊一声"老师好"而不露怯——这显然是老师教导过的。稍显边缘一点的学校里，学生没有接受过系统的礼仪教育，平时可能也见不到陌生老师来访，便不会主动打招呼，但这并不妨碍他们依凭生活经验礼貌地招待你，比如邬阳乡高峰小学的孩子就会老练地拉过一把椅子，喊我"坐！"龙潭小学的孩子就会略显羞涩地端出一盘自己捏制、烧制的泥巴星星以表示对客人的欢迎。

总体来说，杭州的孩子锻炼机会多，表现力更强，给人留下的印象更深刻。我确实在杭州遇到过很多"双商皆高"的孩子，他们的才艺、见识、能力让我惊叹。如果说，这些孩子像一颗颗耀眼的明珠，适合摆在漂亮的展柜上供人赞叹，那么鹤峰的孩子则像冬日里的一双手套，会给人带来直抵心底的实实在在的温暖。上学期最后两周，我打算腾出一间空教室集中做个别辅导，班里几个孩子路过，便主动问要不要搭把手。之后，几个男生开始搬桌椅，两个女生看看人手已够，也不问我，顺手拿起扫帚扫地，一边扫，一边彼此轻声交谈，一切都是那么自然，不存功利、不为取悦，让人心里舒坦，哪怕现在回想，当时教室里流淌的那种和谐、默契依然会温暖到我。是孩子们情商高吗？或许是吧，但更多的是生活赋予山里孩子的善良品质吧。又像昨天，我请两个不认识的学生帮忙搬作业本到教室，两个小男孩放好本子，又特意跑回来告诉我"老师，放好了"，他们闭环思维的背后也折射着做事靠谱、为他人着想的品质。

教学相长。这句话在我读师范时就已经烂熟于心，然而年岁逐增,对这句话的理解却每有赋新。如何理解孩子?孩子是如何理解的?如何帮助孩子理解?这些思考于我是逐渐成长和成熟的过程,尤其在我成为一个母亲之后,觉得更是有了新的意义。是孩子不断摆正我看待世界的角度,让我眼中更多温情,心头更多怜惜;也是孩子不断引导我在从教十五年的今天,依然对世界充满好奇,对人心常存善意,对困局报以微笑,对顺境心怀感恩。在这里,孩子是教导我的师长,是我勇气的源泉,且教且学,叫我如何感谢他们?

今天是感恩节。听我说声谢谢你吧,我的孩子们,年轻时的我曾经这么野蛮地喝止过你们与第一场雪的相遇,曾经粗暴地把自己的观点强加给你们,曾经无数次任性地占用过属于你们的时间,然而你们总是这么轻易地原谅了我的过错、我的无知、我的浅薄,想到这些,我该多么惭愧!为此,我还应当感谢此生与教育的相遇相知,曾经我武断地认为"小教无大师",曾一度轻视过教育理论研究,更曾起心动念离开教育岗位,而最终,教育以它博大深邃的胸怀包容了我,引导我走上探寻教育科学与艺术的道路。做自己喜欢的事情,恰好又能以此谋生,岂非人生乐事?能与孩子一路相伴,得与教育一路同行,足矣。

考试风波

期中考试第二天，女生小黄在办公室外叫住我，说要向我"道歉"。

主动承认错误？疑惑之下，不禁多看了她一眼。她大方地和我对视，面色无殊。我停下脚步，示意她到一边说话。小黄说得挺利索，自述在英语考试期间向小张要答案，最终虽然小张并没告诉她，但她知道这个行为是不对的，于是决定向我道歉，保证以后不会再发生这样的事情。我点点头，没有说话，多年的教育经验告诉我，这不像是小黄来找我的真实原因。果然，说完这一段，小黄话锋一转，向我传递了另一个信息：她看到小张用电话手表翻译英语单词，小张作弊了！说到最后一句话时，小黄的身体微微前倾，眉毛飞扬，语气明显急切了很多。

道歉是假，告发是真，这才是小黄找我的真实原因吧！我对小黄有一定了解，这个孩子的心思比同龄人复杂，她的陈述不能完全采信，得让当事人相互对质才行。心下盘算后，我让她叫来了小张。

"张×，说说你们英语考试时发生的事情吧。"

话音未落，小张的情绪就激动起来："老师，我没有告诉她答案！不信您可以问旁边的同学！她自己考试的时候又问这个，又问那个，反正我都没有告诉她！"

小张的话带着义正词严的不容辩驳，瞬间把小黄的气势压低了一头。

"可是你在用电话手表查单词！"小黄反驳。

"我没有！"小张瞪大眼睛断然否定，顿了顿，又补充说，"考试的时候，我是玩手表了，但是没有查单词，我只是题目做完了。"

"黄××，你有没有亲眼看到小张在查单词？"我问。

"这……没有。"小黄的眼神黯淡下去。

"那好了，你又没看到我在查单词！你自己考试做不出来而作弊，我才不像你！以前你其他考试也作弊，谁不知道啊！"小张得理不饶人，甩下一句狠话。

"那你也没看见！"虽然小黄嘴硬，但明显有点心虚。

我阻止了他们对陈年旧账的争斗，请见证者小唐还原考试时的情况。英语考试期间，小黄看到小张在按电话手表，便认定小张是在借助手表的翻译功能找答案，悄悄示意小张把答案告诉她，小张不肯说。小黄又问了其他同学，但都没问到答案。

小唐描述这些情况时，小黄的头越来越低，小张则一脸痞气地歪着头，大有"你看，我没错吧"的意思，而我心头的疑惑则越来越大：看来小张没什么过错，小黄想借我之手惩治小张，结果却搬起石头砸了自己的脚，她是怎么想的？考试时拒绝透露答案的不止小张一人，为什么小黄单单针对他？冰山之下，是否别有隐情？

小唐离开后，我准备再和小黄聊一聊。出乎意料，小黄居然低头抽泣起来。按说小唐的陈述相对客观公正，不该引起她这么大的情绪波动。我意识到问题没有那么简单。情绪表达是走向潜意识的入口。我预感到，接下来的问话可能才是今天要解决的真正事件。但解决这类问题不是我所擅长的，心理个辅总是伴随着脆弱和敏感，干预者处理不慎还会留下看不见的伤痕。探到的伤口越深，干预人的责任越大。然而现在两个孩子就站在我面前，事已至此，我还能有其他选择吗？

我定定神，首先估摸了进一步谈话的可能性：两个孩子对我还是信任的，平时的表扬、个别关注都明确表达过对他们的关心和期待，想来可以继续沟通。于是，我换了温和的语气问小黄："除了考试的事，你还有什么想告诉我的吗？平时你和张×的关系怎么样？"这一问，小黄哭得更厉害了，眼泪像断了线的珠子一样落下来。我递给她一张纸巾示意她慢慢说，小黄边擦眼泪边告诉我，平时她和小张"有仇"，小张经常用难听的绰号骂她、拿书打她，还嘲笑她没有爸妈管，恰恰小黄父母确实离异了，于是这样的嘲笑便让敏感的她更加难受。

"他还说我爸爸妈妈都不喜欢我……"说到这里，小黄哭得更大声了。她的哭诉让小张红了眼睛，他咬牙切齿地用手指着小黄："明明是你先故意碰掉我的书，我才丢书打你！当时谭××、李××都看见的！你说我骂你，你不是也骂我了吗？"

见情势不对，我分开两人，找小张单独谈话。我的本意是劝小张注意说话分寸，今后别在小黄伤口上撒盐。然而小张的反应大大出乎我的意料，他猛地扭过头去——或许是不愿让我看到他再也忍不住的泪水，发狠说道："又不是只有她爸妈离婚了！"

听到这话，我愣住了。

原来小张也来自离异家庭！只是出于自尊心，这段经历成了他心头的一个秘密，班里谁都不知道。小张身上有点江湖习气，为人讲义气，因为看不惯小黄偷看答案、抄袭作业之类的行为，所以就取绰号骂她。至于取笑小黄没有爸妈疼，或许也映射着他潜意识里对家庭关爱的渴求吧。看到两个12岁的孩子在我面前呜咽落泪，我的心揪得难受。两个浑身伤痛的孩子厮打、伤害，这是他们舔舐伤口的方式吗？

"我爸妈比她爸妈好多了！她爸妈根本就不管她，我爸妈会来看我，还给我钱！"小张偏着头，忍着泪水，一脸倔强。一时间，我的眼眶也有点湿润，竟不知如何回应。父母们啊！我们一直都在低估孩子对父母的爱，但这份爱远比我们想象得更纯粹、更厚重、更伟大啊！哪怕离异、哪怕长时间见不到面，小张依然执着地认为自己的父母是最棒的，值得自己为他们坚守、战斗！

事后，我了解到，鹤峰县的留守儿童数量之多远超出我的想象，且不论龙潭小学、堰垭小学、高峰小学等偏远地区学生全体住校的学校，仅条件相对最好的县城学校，粗略估计，父母离异的孩子就达1/3，留守儿童更是超过半数。这些孩子很多由祖辈照顾，还有一些寄养在亲戚家，很多离异的父母对孩子不闻不问，丢给祖辈就不管了，小黄的家庭就是这样；还有更多留守儿童的父母在外打工，一个月回来一次算是不错的了。在这样的环境下长大的孩子缺爱、缺关注，更缺精神引导。长时间下来，孩子便习惯了没人照顾时吃路边摊，习惯了玩游戏打发时间，习惯了看着电视追求时尚，习惯了在没有监管的网络中沉迷。离异、留守当然不等同心理伤痕，只要教育得当、亲情陪伴，很多孩子依然可以阳光灿烂、心理健康。但在那些连温饱都还存在问题的地区，在那些心理教育还是个听都没有听过的新鲜名词的地方，这些孩子的发展状态确实令人担忧。

等两个孩子的情绪平复之后，我分头劝和。首先，我认真而坚定地告诉他们：每对父母都爱自己的孩子，由于某些原因，虽然父母选择分开生活，但对他们的这份爱是不会改变的。父母爱孩子的方式有很多种，有些需要他们再长大些才能理解。其次，我请他们保证：不再用这种令人难受的语言嘲笑对方。两人都点头答应了。

从表面来看，一场风波似乎就这样过去了，几周之后，当我问起时，两人都表示没有再起过冲突。但在看不见的地方呢？两人的伤口是否能被时间抚平？阿德勒说，幸运的人一生都被童年治愈，不幸的人一生都在治愈童年。我希望小黄与小张，以及更多的"小黄"与"小张"都能成为幸运的人，只是在当下，恐怕这种希望还是奢望。

生活要有仪式感，学习更是

2019年初，我找出了书柜里没用过的大开本活页抄并带到了鹤峰。去年写英语笔记差不多写完了两本B5小开本，但小开本写着总不过瘾，一行写半个句子就得换行，做个图表也不方便，于是今年便换了个大的。

不过，以上80%都是为学习而设的冠冕堂皇的借口，真正的原因是，我需要一种仪式激发自己新一年的学习热情。一支品质上乘的钢笔、一本不错的笔记本、一枚精致的书签都可以成为新的起点。现在我需要的仅仅是这种自我暗示。它既是对去年的自我肯定，也是对来年的自我激励。节日到来时的一束花、项目杀青时的庆功会、长途跋涉前的壮行酒……想必很多人都有过这样的经历。生活让人跌跌撞撞，循规蹈矩，一不小心还被碰得鼻青脸肿，平淡的日子中便需要那么一些小确幸来将它衬托得不那么平淡。生活如此，学习亦然。

鹤峰的开学季没有浓烈的节庆典礼，静悄悄下掩盖的是孩子们假期延续下来的懒散。第一天报到，收上来的寒假作业多多少少有"没交、没带、做一半"，虽然在我预料之内，但这种学习态度绝不能姑息，个别谈话不能少，整体训诫更必要。放松了三个星期，孩子们太需要有人"狠扎一针"，提醒他们新学期的开始，以此来重树脚踏实地的作风。而给全班孩子的这一针当然是借寒假学习反馈进行。

上学期布置的寒假作业共两项：听读打卡表是必做项；因为有部分超纲题，所以《寒假作业》列为选做项。收到作业后，我逐一检查，对听读打卡给出了等级评价。而《寒假作业》则没有逐题细看，一来是因为题目本身效度不高，且后面都附有答案；二来寒假作业已是过去时，现下重要的是通过作业反馈鼓励孩子们攒足劲头向前看。因此这次寒假学习反馈便重点围绕学习态度和新学期学习计划展开。

在谈话之前，我请所有孩子安静端坐，正衣冠，这暗示接下来要做一件很重要又严肃的事情。作为仪式的开场，这很有必要。

我讲了两点：先是整体肯定全班的学习情况，并弘扬先进树立榜样，将寒假学习优秀的几个细节做展示，比如将表格设计得特别用心的，或是写上了自我鼓励的语言等。我告诉他们，这种精心装饰就是对自己作品倾注感情的表现，爱惜它，自然认真对待它，这就是一种学习仪式。古人读书之前或是沐手焚香，或是泡一壶茶，这种种细节都是重视读书的表现。

然后我重申了作业的意义。良好的习惯是可以帮助自己获益的，不仅能让自己在复习中温故而知新，也可以通过打卡看清自己的学习意志，从而更了解自己，帮助自己在今后总结出更好的英语学习方法。为了表示这番话的可信度，我给他们看了自己在鹤峰半年积累下的两本厚厚的学习笔记，同时告诉他们，每个人的学习方式不同，但我们一定要找到适合自己的那种，光写不练没有用，学给别人看也没有用，只有真正去坚持，才会在一个月、半年甚至一年后看见效果。

视觉的冲击总是来得更直接，看到厚厚的两本学习笔记，孩子们纷纷发出"哇"的惊叹，甚至一些孩子狠狠表现出要"撸起袖子加油干"的决心来。我趁势引导，让孩子们自己总结出几种优秀的学习方法。就这样，精神上的一大针算是打完了，接下来进入抽红包仪式。

红包是我从杭州带来的，过年时表妹婚礼上用的一组精巧的小红包很是可爱，用来给学生做奖励最好不过。红包里当然没有放人民币，而是小礼物或特殊待遇卡。奖励是其次，最主要的是要让认真学习的孩子们知道，老师看到了他们的付出，老师为他们的努力而骄傲，也愿意用一种仪式肯定他们的努力。当然，没交寒假作业的孩子是没有资格参与抽奖的，这也算是种惩戒。

仪式很简单：抽学号、领奖、开奖。热闹和哄笑之后，孩子们个个开心。中奖的自然高兴，没中奖的虽遗憾，却也觉得有趣。最后，为了配合这次反馈，把孩子们提升起来的精神气落到实处，我留了周末作业：小学生涯最后一学期，我打算在英语学习上坚持/改变哪一件事？写下来。

一次小小的谈话，前后不过一刻钟，既可以说是新学期的激励文，也能说是学习的开篇文，希望孩子们能借这股势头迎风而上。生活中的仪式感无处不在。谈话前整衣冠、抽红包不能算是严格意义上的仪式，但都有着仪式所承载的教育核心——体验。受教者心里有了振荡，别人的话才听得进去，做的事才看得进去。上学期，我们已经有了许多小小的仪式感，听写满分者的合影也好，期末小奖状也罢，我一直在设法营造各种积极的心理体验，毕竟生活需要仪式感，学习更是。

最后一课

各位同学：

大家好！毕业在即，你们马上就将奔赴各自的新学校了，而我，在2019年之后也要告别鹤峰，回到杭州。经此一别，恐怕我与在座的一些同学相见无期，是否有缘，就看天意了。我想，对于很多同学来说，或许今天是我们的最后一番谈话了。

所有的相遇都将走向离别。我们在鹤峰实小相遇、相知、相伴一年，总觉得时间很长，足够我们挥霍，但弹指一挥间，却倏然发现即将咫尺天涯。这一年中，你们长高了，变壮了，球技更高超了，更会表达了，更有思想了；这一年中，我表扬过你们的课本剧表演，批评过你们的听写过关，数落过你们的不交作业，惊讶过你们的英语发言……今天早上在我们拍了毕业照，感觉又与离别近了一步。分别之前，留下三句话，送给所有即将长大的你们：

第一，保持好奇，热爱学习。现在的信息更新实在太快太快，一条新闻，半天时间就会被淹没；一部手机，不出两年就会被淘汰；甚至你现在学的东西，几年以后可能也会被颠覆。可能有同学会问，那为什么我们还要学习？学习一是可以给我们提供最基本的背景知识和文化素养；二是可以锻炼我们的思维，提升我们的学习能力，帮助我们在未来社会中不断自我更新。学习不只是坐在教室里读书、阅读、思考、社会实践、学习他人都是学习。停止学习，你将无法感知这个世界、这个国家正在发生的变化，迷失前进的方向；停止学习，今后你将无法做到无可替代，随时面临着被淘汰的危险。比如现在鹤峰正在全力以赴开展脱贫工作，就是国家在带动整个鹤峰人民去看看外面的世界、学习先进的经验，站在你们面前的我就是国家扶贫工作中的一个小小螺丝钉。现在大家的学习是在学校里，今后的学习可能在工厂里、家庭中、社会上，现在学什么由老师决定，今后学什么得由你自己来决定、来解答。虽然有些问题永远找不到答案，但学习会让我们内心减少困扰、保持宁静。

第二，不舍梦想，不负青春。梦想是浪漫的，青春是美好的，但比浪漫比美好更值得回味的一定是青春时期为梦想所流过的汗水。6月是毕业季，三年前，我在杭州带过一届毕业生，今天他们中考结束；六年前我带过的那届毕业生，今天他们高考已经结束。以前在杭州时，每次这些毕业生回胜利小学时，都会跟我们这些曾经的老师分享他们的喜悦。他们纷纷表示，三年中学虽辛苦，但值得经历、值得拼搏。最终，或许中考、高考的结果有人欢喜有人愁，但努力过、付出过、奋斗过，就对得起自己。人生就是一场修行，人这一辈子，最终是为了让自己满意。梦想我们人人都有，但为此去付出艰辛却不是所有人都愿意去做。刘若英有一首歌叫《十五岁的自己》，我非常喜欢，里面唱道："有一天我将会老去，希望你会觉得满意，我没有，对不起那个，十五岁的自己。"愿在座的各位有前程可奔赴，亦有岁月可回首。愿若千年后的你我回望，能不负曾经，不负自己。

毕业前夕，和鹤峰县实验小学 604 班毕业生合影

　　第三，永葆初心，真诚待人。你们即将走进初中，将要迎接你们的会是更繁重的学业、更残酷的竞争，你们可能感到迷茫，不知道自己学习的意义在哪里；你们可能会失落，自己小学时期的优秀在众多学霸面前荡然无存；你们可能会沮丧，学校和老师与你想象中的有太多不同。这些都是正常现象，外在的困惑常常让我们"只见树木，不见森林"。在人生的每一个阶段，我们都会不断遇到不同的人、不同的事、不同的经历，每当这时候，记得重新回忆自己的梦想，回想自己的初心，用智慧擦亮前行的道路。这段时间里，你可能会交到几个有趣的新朋友，认识几位有才的好老师，如果是这样，那么恭喜你，他们可能会帮助你度过这个黯淡的时期。对于这些帮助过你的人，记得一定要回报真诚，要对朋友真诚、对家人真诚，更要对自

己真诚。今后,我们会有很多地方需要别人的帮助,或许我们不是最聪明的,不是最能干的,不是最有特点的,但我们可以是最真诚的那一个。真实是有力量的,请相信这一点,这既是对自己的坚守,也是对生命的敬畏,是内心的静水深流。

最后,祝亲爱的你们成长快乐,前程似锦!

启动家长的"引擎"

初到鹤峰县实验小学，我接的是六年级两个班的英语课。学校是大班额，纵然六年级人数还算少，但每个班也已近60人。走进教室便可看到孩子们的座位已经从讲台排到后墙了，这情景倒让我想起自己读中学时，也是这样满教室的黑压压一片。幸而这里孩子很少近视，我自己班里的60个孩子差不多只有10个人戴眼镜。或许就像易校长所说，"我们的孩子野"，一个"野"字既保护了孩子的天性，也保证了他们用眼不会过度，教室里哪怕隔着十米远，他们依然能看清黑板上的字。

因为不了解当地孩子的学情，不知道孩子的学习起点，所以在正式上课前，我决定做个学情调查，看看家长对孩子的英语学习持什么态度、孩子在家如何复习、平时是父母养育还是祖辈养育。但以什么方式进行呢？这个问题费了我一番脑子。由于学校开学是不安排家长会的，因此见不到家长。纸质印发问卷吗？同事说："学校很少印卷子的，你要印，可以去外面打印店，要不就去行政楼找领导印。"我想了想，决定试试在线问卷。我从班主任曾老师和陈老师处了解到，班级有家长微信群，那我就在微信上做个调查吧！

在问卷上，我从孩子的英语基础、家长的养育方式、家长的学习期望三个方面设计了十几个问题。最后，在118个学生中，我收到101份有效问卷——这个数字已经令我很惊喜了，要知道，原先我还担心只能收到一半问卷呢！

从这101份问卷中，我了解到多数孩子认为英语挺有趣的，认可之前几年英语学习的方式，一半孩子觉得自己掌握较好的是单词，认为自己的句型、课文背诵和英语书写还不够好，平时英语作业一般一周布置3次，在20分钟内完成的孩子占比例较高，大多数孩子从来没有读过课外英语书，近半数孩子有过英语补习班经历。这101份问卷中，最高学历是本科，共7人，大多数为高中或初中学历，也有16人是没上过学或小学的——我猜测这个数据是孩子自己填写的，或者是祖辈填写的。对于孩子的英语学习，多数家长认为自己不会英语，但愿意看看作业是否完成；部分家长认为自己会一点英语，可以帮忙；也有小部分家长认为自己没有时间，一点也不能帮忙。但大多数家长认为孩子学英语是为了开阔视野，了解世界，完善自身。

统计完问卷，我对孩子的学习状况形成了一个大致的轮廓。当地孩子的英语基础比杭州孩子弱一些，具体表现在课内英语的学习方式、课外阅读量以及家庭支持方面，但孩子对英语表示有兴趣，家长对英语学习也有一定期望值，这让我隐隐有了一点做事的想法。

在这里，家校联系和杭州相比会少很多，没有校访，没有家访，期末的家长会主要是让家长来校拿成绩单，平时的一对一联系也相对少一些。但是由问卷可见，大多数家长还是愿意配合老师的，如果每个月跟家长做一点交流，是不是会对营造家庭学习氛围带来一些帮助?

因着这样朴素的一点愿望,我做了《致家长的信》的尝试,希望通过启动家长的"引擎"来为孩子营造更多的学习环境。

这种尝试有多少效果呢?坦白地说,大多数家长还是比较佛系。和杭州"鸡娃"的风潮相比,当地家长的教育心态就像一池未被吹皱的静水。这一则源于家长们本身对教育的认识。当地的教育还是以学校教育为主,家庭教育尚未成为教育的重要组成部分。在我所接触到的家长中,持"听老师的话,别给我添麻烦就好"态度的占多数,半数家长会给孩子报个晚托班教一教作业,但没有想过躬身入局陪伴孩子。二则源于学生的家庭结构。很多家长在外打工,孩子是由祖辈养育,无法参与家庭教育——这个现象在偏远乡镇会更突出。也有一些家长忙于做生意,孩子学习得完全靠自己。

不过,从一年多写信的过程来看,虽则改变微小,但还是有家长受到影响的。比如甜甜爸爸会单独来询问孩子的学习情况,还在短信里感谢了杭州带给鹤峰的帮助;小彬爸爸来了解哪些课外读物可以帮助孩子,我们在电话里沟通了一些阅读和表达方面的学习规律;午间回教室,常遇到来接孩子的奶奶和外婆,她们总是很慈祥、很亲切地看着我,有的还会握住我的手,说谢谢杭州来的老师,虽然不太听得懂她们的话,但完全能感受到老人家这份心意;路上偶遇毕业生小田的妈妈,她连连道谢说孩子初中时的英语学得很有信心,她也受到鼓舞,跟孩子一起读英语……其实,在影响他人的路上,老师永远只是启动引擎的人,更多时候还靠孩子的内驱力和环境影响,但哪怕只能帮到一个孩子、一个家庭,我都觉得值。

以下几篇文章均节选自《致家长的信》。

致家长的信——问卷反馈

家长朋友们：

晚上好！

感谢各位配合我完成了昨日的微信问卷！截至9月3日12点，共收到有效问卷47份，虽较为遗憾未采集到剩余10位孩子的信息，但数据已经能基本反映我班学习基础，我也会对课堂教学做出相应调整。在此与各位交流其中一项数据。

在"今天Ivy和大家见了面，全英文的交流你是否能理解？"一项中，我班有13位同学选择了"一点都没听懂"，32位同学选择了"基本能听懂"，2位同学选择了"全部都能听懂"。今天的英语课后，也有同学提建议以后还是用中文讲课，不然有同学听不懂。

我不知道您的看法是什么。我想说，语言是听着说着学会的，最好的学习就是环境的浸润。对于孩子的外语学习而言，一星期120分钟的课堂环境已经非常欠缺，我不会改变全英文的授课方式，也希望家长能鼓励孩子主动适应，积极营造英文环境。这既能锻炼孩子的听力，积累语感，也能培养孩子对英语的实际使用能力，何况现在的中考英语都开始实行"人机对话"来检测实际语用能力了，从功利角度来讲，我们也该为将来的考试做好准备了。当然，在一些语法和作业分析时，我会根据实际学情使用部分中文，确保孩子们能理解到位。同时，在课堂教学中，我会尽量放慢语速、表达清晰。

学习语言，输入量非常重要，科学研究表明，100小时的训练量可以让听力上升一个层次。婴孩学习语言就是通过环境的浸润、场景的对应来习得，在十几个月甚至二十几个月的大量信息输入之后，才逐渐发出一个音、一个字、一句话的。由此可见，"一点都没听懂"的13位同学极有可能不是能力欠缺，而是积累量不够。当孩子的语言和语音积累量达到相应的程度，量变一定会转化为质变。我相信，到那时候，就算孩子不想说，都控制不住自己的嘴巴！拿出勇气来，只要认真去听、去总结、去积累，孩子们肯定能够适应全英文的语言节奏。今天，小龚、小熊、新海等几位同学举手比较积极，虽然有时也会出现无法用英语表达的情况，但我发现他们有很强的参与意识，他们愿意维护全英文交流的环境，非常感谢他们的带领。我希望之后会有更多同学参与课堂的讨论，而不只是眨着亮晶晶的眼睛看着老师。

另外，顺便说一下，今天，我们班孩子的课堂抄写作业做得不错，2/3的同学得到了A。下周有单词听写，周末会发布作业的具体要求，请知晓。

家长朋友们，以上匆匆而就，如有不当，敬请指正。我会争取以每月一信的方式和您交流孩子英语学习中的方法，同时反馈孩子近期的学习情况，希望这样的交流方式不会打扰到您，也欢迎您留言和我交流孩子的学习。

相遇是缘，再次感谢！

你们的朋友 Ivy

2018年9月3日

致家长的信——我们怎样学英语

亲爱的家长朋友：

您好！

9月，孩子们开启了英语学习的旅程，我相信十年后在孩子的工作、学习、生活中，英语的使用会越来越频繁，掌握这门语言也会显得越来越重要，由此可见，了解英语学习规律、培养学习信心、养成良好习惯是当下需要我们去关注的。其实，科学的学习方法、良好的学习品质是所有学科的共同要求，家校配合往往事半功倍。开学初，我通过微信群做了学情调查，家长们迅速而有效地填写了问卷，这让我感受到了您对孩子、对教育、对英语学科的重视，我充分相信今后在孩子的英语学习上能够与您合作得非常愉快。

今天写这封信，一来想和您谈一谈英语学习的基本规律，二来针对有家长询问如何在家配合学习的问题做一回应。

先讲讲英语学习的基本规律。

要想掌握一门语言，必须了解学习语言的基本规律。作为语言学科，大量听和读必不可少。最理想的状态是浸润式学习，即让孩子处于全英文环境，自然习得。但我们的外部环境有限，不可能提供全英文学习。在这种情况下，我们应当遵循"先听说，后读写"原则，通过泛听来给孩子磨耳朵、练口语，再通过大量阅读来扩展词汇、提升语篇能力，最后学习写词、写句、写语段。英语课本也是按照这个学习规律来编排的，三年级的孩子更侧重听、说、读、看，较少涉及写，到五六年级，会从"听说读看"逐渐增加"写"的要求。

这是语言学家经过大量科学研究所证实的最基本的学习规律。正如我们婴儿学习母语，首先通过大量的"听"吸收语言，经过一段时间才开始"说"，三四年后再开始"读"和"写"。学英语也一样。"听"和"读"是输入，"说"和"写"是输出。只有先输入，才可能有输出；而即便有输入，也不一定有输出，这是因为每个孩子需要的输入量是不一样的，所以有些孩子1周岁就能说话，有些却要2周岁才开口。这同样也是初始阶段一些家长的疑惑：为什么我的孩子今天学的课文（输入），却读不出（输出）？除了需要鼓励，主要还是因为孩子的输入量不够（听得不够多、语音辨析得不够多），还处于语言学习"静默期"，如果一直听、反复听，那么积累到一定程度，你不想孩子开口也难呢！

正因为学习英语的基本规律是先听说，后读写，因此"听"和"说"便显得尤为重要。具体体现在家校配合上有以下三点建议：

首先，保证每天听读15分钟。上周要求孩子们贴在课本上的 Listening and reading roadmap(路线图）就是一种保证机制。每坚持一天，就在表格里记一天，如"10月1日"。这一方面是为了让孩子有一个"作业仪式"，提醒自己要完成这个任务；另一方面是为了培养学习英语的习惯，毕竟在一般情况下，孩子至少要学十年英语，没有好习惯怎么走得远呢？对于这张路线图的打卡情况，我会不定期让孩子们反馈（比如让孩子数星星），期末会评"好习惯"奖，鼓励孩子与同伴一起坚持。而您，我的家长朋友，我希望您不仅"督促"孩子每天听读，更要带着欣赏和鼓励去赞扬孩子的主动和坚持。同时希望孩子能有个固定听读英语的时间和环境，久而久之，一到这个时间，一听到录音播放，孩子就知道要开始复习英语了，这有利于提升他的自主学习能力。

其次，按时交作业。平时我会布置抄写作业，但周末或小长假时可能增加一项口语作业，一般会要求朗读、编对话，等等，我会在微信群里反馈学习情况。

最后，建议有条件的家长让孩子"磨耳朵"。磨耳朵就是听英语，是指对于初学英文的孩子通过足量的语音输入，帮助孩子熟悉英文独特的韵律节奏、语音特点，培养语音意识，建立英语语感。因为只拿一本英语课本就想拥有很强的英语能力是不可能的。听课本录音是最基础的，请每天都做；有条件的家长应当为孩子提供足够多的学习资源，经常让孩子听英语歌曲、单词，看英语动画片，这也是帮助孩子学习英语的不二法门。此外，我会提供部分儿歌作为课堂的补充，如您还有其他英语学习需求，也可单独联系我。

以上就是我的几点建议，不到位之处，还请谅解。其实，话说回来，学习英语，不外乎多听、多读、多说、多看，这和汉语学习非常类似。下一次，我会根据孩子的情况和家长的需求，再聊聊英语学习的另一些话题。

祝

全家幸福！

您的朋友 Ivy

2018 年 10 月 10 日

致家长的信——"记单词"的方法

亲爱的家长们：

  您好！

  昨天放学前，一个孩子凑到讲台前问我："老师，您能不能教我记单词的方法？"这个孩子英语基础不错，听、说、读、写方面在班里表现出色，且乐于助人，愿意主动琢磨解决难题。照理记单词对他来说不是难事，可为什么他会这么问我呢？我一边低着头批完最后两个学生的订正作业，一边心里转念。我想，这个孩子真正想问的可能是"老师，我怎么才能轻松记单词，提高英语能力？"

  想来这个问题是很多家长和孩子的疑惑。在这里，我想就我十几年一线英语教学的经验，跟大家谈一点不成熟的看法。

  首先，记单词是有方法的。我们都知道，学英语要背单词，但背单词不是英语学习的全部。我见过很多能把单词和课文读得倒背如流却不理解意思、无法实际运用语言的孩子，主要原因是他们没有去理解，只管小和尚念经——有口无心，只会死抠单词而不将它放到文章段落、生活情境当中去理解，这是非常低效的学习方式。记单词，只有在理解的基础上去记才会事倍功半。我这里现成有个例子，今天，我和同事会提前完成一项工作，估摸了一下时间后，同事便开心地用鹤峰话跟我说"下午咱们就松活些了"。虽然以前从来没听过"松活些"这个词，对我来说，这就像一个英语新单词一样，但因为我对他说话的语境非常了解，所以我一下子就明白"松活"

就是"轻松"的意思了。讲这个例子是想说明，读文章也好，和人讲话也好，只要结合语言情境，学习新单词并不是难事，但脱离了语境，我要明白"松活"的意思就非常困难了。所以，记单词最好的办法是结合语言情境。

语言情境有哪些呢？上乘之选当然是全英文的语言环境。这和学方言有点像，比如我在鹤峰住上五年，浸润在这个环境中，我想应该差不多能学会鹤峰话了。不过话说回来，目前中国大多数孩子都没有全英文的语言环境。那是不是就学不好英语了呢？不。有句话说得好，你若笃定地去做一件事，全世界都会为你让路。现在互联网那么发达，我们既可以借助电脑、手机，也可以用最原始而简单的方法——读英文课外阅读书，保证大量输入。

学习任何一门外语都需要大量输入。所谓大量输入，就是大量地读和大量地听，并且尽量选择各种不同的学习材料。在接触不同学习材料的时候，孩子会自然地吸收许多不同的语言知识，包括单词、句子、词法、行文方式，等等。"总的来说，学习英语要以广泛接触为宗旨，自然吸收，不强记强背，更不要求接触的全输入，输入的全吸收，吸收的全输出。"这句话不是我说的，而是北师大外语系教授在《英语学习论》里讲的。他的意思就是说，我们要尽可能让孩子接触各种不同的英语读物：除了课本是老师要求精读的，需要背诵之外，还要倡导孩子看课外书、读英文报、听英语歌、看英语动画片，再说得极端一点，玩英文版的电脑游戏也能顺便学英语，这和学语文需要看课外书、看电影基本是一个道理。但在这个过程中，我们不能强求孩子读了一本书就能记住全部单词，更不能强求他把故事背出来，这样只会破坏他的阅读兴趣，从长远来看，反而有害。只要孩子愿意听、愿意读，就意味着他正在主动吸收，我们的目的就达到了，家长们千万不要期待学习效果可以立竿见影。大家想想小娃娃刚学说话那会儿，不正是因为有一两年时间"听"的训练，才能慢慢模仿、表达，并且很快就能跟大人交流自如吗？对小娃娃而言，这一两年时间就是他的学习期啊！如果能像小娃娃学说话一样，给孩子创造大量听、读的条件，不仅孩子的词汇量能很快提高，英语整体能力也会提高的。当然，这个过程因人而异，如果有孩子已经摸索到了一些学习窍门，比如在阅读或听歌曲过程中主动做笔记、积累词汇，进行有意识记，当然也要大大地鼓励，毕竟"千金难买我愿意"啊！

以上是我的一些个人建议，希望能对您和孩子有一点帮助，不当之处，恳请批评指正。

祝

全家幸福！

您的朋友 Ivy

2018年11月18日

致家长的信——写于英语总复习时

家长朋友们：

您好！

寒假已近，年味渐重，期末总复习已经过半，有些孩子开始埋头于题海, 有些孩子的心思已飞向快乐的假期, 有些孩子稳扎稳打, 有选择地安排复习计划……您的孩子是怎样复习的? 最后几天, 您如何引导孩子合理安排时间, 提高英语学习的有效性?

复习不是机械地重复, 而是对一学期知识重难点的重新回顾, 是将曾经的学习情况和当下的学习现状做比对, 将平时课文中零碎的知识系统化, 提醒自己哪些错误需避免, 哪些重点需强调, 哪些知识点会混淆, 哪些单词要记牢, 哪些认识要纠正……因此, 复习阶段更强调查漏补缺, 更强调知识体系的建构。复习是非常个性化的学习。在此, 我结合我们课堂里的做法, 向您做个反馈和建议。

一、思维导图: 整体把握知识结构

上周, 我们全面回顾了三至六单元的重点, 梳理了知识脉络, 从整体上把握了这学期的内容。孩子们自己整理了思维导图, 总体完成情况良好, 达到了预期效果, 其中英姿、秦熠、际康、朱磊、厚槟、王慧、侯琴、付阳、仕延、欣硕、东松、欣琳、田琳、雨鐏、丰绮、田淳、程晗、来冶、侯辉、万琼、宇辉、晓槟、钰荣、群慧、幸子、玮琪、京灵的导图作业知识脉络清晰, 作业质量精益求精, 值得表扬! 另有5位同学对这项作业不够用心, 今日已经提醒。

一、二单元的知识整理在本周末进行。

二、听写大赛: 局部掌握重点词句

在整体把握知识结构的基础上, 还要脚踏实地背单词, 把知道的东西表达出来 (一要能说, 二要会写)。本周我们举行了听写大赛,评定规则如下：

一等奖：连续6次满分。

二等奖：6次听写过关，其中有1～5次满分。

三等奖：每单元均过关。

★过关：即每单元词句错误不超过3个。

目前听写已进行3个单元，程晗、来治、万琼、杨涵、俊杰、洪吉、幸子、勤懿、英姿、朱磊、厚槟、丰绮、欣硕、东松连续3次满分，特别提出表扬！这既来自他们平时良好的学习习惯，也来自对这次听写大赛的充分重视。有10位未过关的同学于今天中午已做补测，剩余6位同学还需明日中午继续补测，请您及时关注。

明天将进行一、二、三单元词句听写，书本上有听写内容，望孩子们能"打有准备之仗"！

三、自主复习：各类本子错题汇集

抄写本、单元听写、期中卷、《长江》都是复习的好帮手，有时间的话，可以准备一本纠错本，专门用于错题积累，考前翻阅。对于基础较好的孩子而言，不仅要知道错题的正确答案，还要追究错题发生的原因，多问自己"为什么"。比如某填空题，不仅要知道该用动词的三单形式，而且要想一想为什么这一题用了三单形式，而下一题没有用。对于基础一般的孩子而言，则需了解题意，在读通句子的情况下去答题，切忌胡乱瞎猜。在这方面，需要根据孩子的学习习惯、学习能力来定。

一般来说,完成以上三步,本册的英语复习就不会有太大问题,考试时以平和的心态正常发挥就好,毕竟考试只是对自己阶段性学习情况的了解和反馈。

最后我想说的是,期末阶段,各科复习压力集中,请您多关注孩子的学习情绪,叮嘱孩子保证睡眠时间,做到学习与休息张弛有度。

祝孩子们下周考试顺利!

您的朋友 Ivy

2018 年 12 月 28 日

主题创编：
用积极的思维让学生言为心声

在一年多的教学实践中，我发现班里的孩子多求背诵，缺少应用，孩子们习惯照猫画虎，却很少言己心声。要突破这一关，需要在阅读、表达、书写方面刻意加入思维训练。然而，怎样才是有效的操作方式？什么是适合他们的学习策略？在鹤峰的这段时间，我针对当地六年级和三年级开展过"主题创编"，通过创作性的语段练习，训练学生思维的系统性、发散性、逻辑性、批判性，助力学生形成多元思维能力，提升整体思维品质。

事实上，在学生思维品质的培养上，现行《义务教育英语课程标准》对学生的思维能力已有明确要求，它指出英语课程的学习既是"提高语言实际运用能力的过程"，也是"开发思维能力、发展个性和提高人文素养的过程"，在基础教育阶段，教师应当"培养学生的思维能力和创新精神"。这就意味着教师应在教学实践中利用一切契机，创设探究机会，营造思辨氛围，促进学生思维发展。只是，在农村学校做这样的实践，可否成功？

这一年中，我所做的"主题创编"是基于PEP教材，围绕单元话题，取材现实生活的创作性语段练习，手工作品、口头表达、写话练习均可成为表现形式。作为新授课的补充和延续、单元课的拓展和延伸，"主题创编"强调对已学知识的个性化表达，以及对单元知识的整体把握和内涵理解。

一、铺点成面：

利用单词分类创编故事，构建思维的系统性

基于核心素养的英语教学要注重思维的系统性发展，PEP教材的词汇教学零散呈现，内在逻辑并不十分紧密，于是在教学中，我提供语言支架铺点成面，帮助学生构建知识体系。

比如PEP三年级上册Unit 4 We love animals单元，是以动物为主题，通过手影对话和动物园对话呈现dog、elephant等十种动物。虽然教材已提供What＇s this/that?等句式帮助建立学习情境，但十种动物之间的内在联系不够充分，学生很难由此及彼联想和记忆。在教学这个单元时，我请学生将这十个单词做了简单分类，帮助他们进行有意识记。一是引导学生"比一比"，从体型上看，cat<dog<pig<elephant；从速度上看，panda<duck<tiger；从凶猛程度上看，bird<cat<tiger等。然后我用往届学生的剪贴画故事 *Oh no! Not so big!* 和 *What do you see* 做示范，组织三年级学生分组创作。从实际教学效果来看，学生对这样的主题创编激情很高，也有一些比较好的作品呈现出来。

学生作业1：

The cat is small. The dog is big.	Oh no! Not so big!
The dog is small. The pig is big.	Oh no! Not so big!
The pig is small. The tiger is big.	Oh no! Not so big!
The tiger is small. The elephant is big!	Oh yes, it is big!

学生作业2：

Bird, bird, what do you see?	I see a cat looking at me.
Cat, cat, what do you see?	I see a tiger looking at me.
Tiger, tiger, what do you see?	I see a hunter looking at me!

在这样的结构化句式中，学生们将彼此关联度不强的单词做了逻辑分类，串成一个"螳螂捕蝉，黄雀在后"的故事。当学生发现简单的句型重复可以带来一个有趣的故事时，主题创编便成为一种积极的情感体验，学生思维和想象力的大门会被打开，创作的热情会喷薄而出，他们会调动一切非智力因素，设计故事情境，关联相关词汇，进行个性表达。

二、开枝散叶：

依托思维导图创编故事，训练思维发散性

思维导图是一种以发散性思考为基础的新型笔记工具，由于思维导图和发散性思维有着很多共同点，因此我在英语复习课、小组汇报时便借助思维导图，组织学生集思广益，训练学生的思维发散性。尤其在六年级的短文写作中，设计思维导图是发散思维非常有效的手段。

此外，很多单元复习课也可以这样来进行。在完成必要的知识点复习之后，我会抛出一个主题，请学生分小组合作设计思维导图，完成主题创编。一般来说，气泡图或树状图相对更为适合。通过引导，学生可以总结出二级甚至三级主题，然后我组织他们对思维导图进行讨论和表达，之后学生进行主题创编。

在六年级下册Unit 3单元教学中，我引导孩子们绘制思维导图，将五年级下册My weekend单元的知识内容结合进来，将"平时的周末"与"上周末"的活动做了时态的对比。虽然孩子还不能做到语法的完全正确，但依然能够试着表达"平时"和"过去"，这已经非常令人感到惊喜了。

可见，依托思维导图的主题创编能让思维的触角有效延伸到更广阔的空间，此时学生的主题创编不再是无中生有，而是在积极主动的心理机制调节下的自然流泻。从分析和筛选可用信息到组建语段结构，最后调动语言库存，这样的主题创编既是对发散思维的训练和培养，也是完整语段写作的脚手架。

三、借题发挥：
根据课后习题创编故事，强化思维的逻辑性

好的单元习题是单元知识重点和难点的综合呈现，若合理利用，完全可以成为思维训练的好素材。

在六年级上册Recycle 1中，我尝试过将歌曲*Hush little boy*创编成学生自己的故事。因为这首歌曲处于复习单元，所以常常不被重视，但其实它朗朗上口的结构化句式非常适合用于前一单元的

be going to句型的复习。歌曲要求学生在欣赏歌曲后回答问题In the song，what is Papa going to do？由于歌词中有现成答案，学生的思考往往浅尝辄止，一旦找到答案，便不再会从整体去理解文本，也就失去了极佳的语言操练机会。在教学这部分内容时，我借题发挥，引导六年级学生进行逻辑性思考，采用以下几个步骤来复习了"一般将来时"这一语法内容。

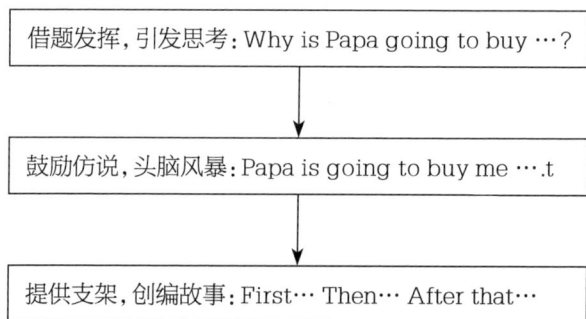

借题发挥，引发思考：Why is Papa going to buy …？

↓

鼓励仿说，头脑风暴：Papa is going to buy me ….t

↓

提供支架，创编故事：First… Then… After that…

结果还是基本达到预期了，最终学生产生了比较个性化的文本，如：First，Papa's going to buy me a little teddy bear. Then，he's going to buy me a schoolbag. After that，he's going to buy me some books. He loves me.

在这个过程中，虽然也有部分学生跟上学习节奏显得吃力，但能通过这样的引导让他们写出比较像样的句子，这已经让我很高兴了。总体来说，这样的实践能让单元内分散的知识块状化、结构化，能提升学生思维的逻辑性，希望能让学生的书面表达朝着层次分明、条理清晰、富有逻辑的方向发展。

四、望文生"疑":

借助文本疑点创编故事,训练思维批判性

批判性思维最早源于古希腊苏格拉底的探究性质疑,我认为培养批判性思维应从"疑"字入手。

有些值得讨论的"疑点"来自文本和生活常识,教材本身便给出了创编主题,六下年级Unit 1 How tall are you?单元中Little Duck's Shadow一课便非常典型。通过对Old Tree回答的深入探究,学生既可以模仿Little Duck和Old Tree进行对话续写,将Old Tree错误的科学解释演绎到底,也可以引入Mr. Sun等第三方角色,通过简笔画对太阳位置和影子长短的现象进行科学解释。上这一课给我留下印象最深的就是学生对文章"科学性"的讨论。原以为鹤峰的学生课堂表达不会如此热烈,但是结果出乎我的意料,学生不仅质疑Old Tree的答案,而且提出了其他问题,如"为什么Old Tree会给出错误的解释? Little Duck会相信Old Tree吗"等。提出问题是进步的第一步,这样的发问和讨论正是训练批判性思维的沃土。

有些"疑点"来自对学生反应的预设,这就需要提前准备素材,在讨论前后抛出事实作为补充和依据。六上年级Unit 2 How do you come to school?单元中的Read and write一课讲述了世界各地学生不同的上学方式,其中Papa Westray学生的出行方式最为特别,他们在2009年乘坐航班来回! 在备课时,我猜测学生会对这种上学方式衍生出感兴趣的"疑点",于是在课堂上让学生充分提出

疑点后，我呈现了一些课外资源和语言支架，介绍Scotland这条有名的"最短航线"以及当地6位打"飞的"的学生克服海岛生活困难的新闻，然后请学生合作讨论"那里的学生喜欢这样上学吗？有没有更好的上学办法？"最后请学生进行"Different ways to go to school"的主题创编。学生很喜欢做这个创编练习，可能是异域文化让他们产生了新奇感，由此可见，能站在他人立场思考、分析、反思正是发展批判性思维的方式之一。

思维品质的培养对英语口语和今后的写作表达都相当重要。从这一年多的实际教学来看，虽然鹤峰的学生在语言积累和英语学习资源方面没有特别优势，但思维的训练完全可以通过课堂上的引导得以实现，他们也能较好地完成主题创编任务，从而走向"言为心声"，"下笔有神"。

第三章　送教联谊

鹤峰的山岭，四季常青。

盎然的春和斑斓的秋里隐藏着的是各种美好的回忆。每一个吹面不寒杨柳风的日子里，我都仿佛能重新回到中营镇民族中心学校的教室里，听老师们热烈探讨如何实现"教"与"学"的并行不悖；每一个霜叶红于二月花的秋日里，我都仿佛能看到午后的阳光又一次洒进五里乡苏区小学的演播教室，照在我和老师们的培训笔记上，映出一个个动人的圆晕。

从最北端的邬阳乡到最南端的铁炉乡，从校舍最漂亮的燕子镇民族中心学校到已经被撤并的龙潭小学，走过的这些静谧而远去的时光滋养着一朵由心里生出的花，常开不败。

叫什么！

　　邬阳是鹤峰县最北边的乡镇，高峰小学则是鹤峰"北之最北"，是鹤峰县最北边的学校了。送教活动结束，离开邬阳乡民族中心学校后，高老师见我兴致勃勃，加上时间还早，便提议带我去高峰小学转一转。

　　照例是一路的弯弯绕绕。迷迷糊糊了一个多小时后，车子抵达

和邬阳乡高峰小学的学生在一起

高峰。一见这所学校，我就被它的美震惊了。学校新修不久，占地不大，蓝天白墙，一派新气象。这一天天高气爽，校门上方彩旗迎风招展，在阳光的照耀下，"高峰小学"几个大字鲜艳夺目。隔着校门的栅栏，可以望见崭新的绿红相间的塑胶跑道，侧边是一幢四层楼高的教学楼，当时有几个孩子正在楼内徘徊。

门外几个交谈的陌生人马上就被学校老师注意到了。校长过来开门，跟高老师打招呼。这位校长约摸40岁，穿着解放牌球鞋，衣服上沾着泥巴。他憨笑着解释说新造的学校还有些没完工的角落，他正在和工人一起搞。"搞"是当地方言中的一个万能动词，有点像英文里的do。因为之前已经走访过好几所学校，所以对于校长亲手拌水泥、砌墙、结对扶贫等行为我已不再感到奇怪。农村学校的校长是全能型的，文的武的都得会，并不容易胜任这个职位。一个月前，我到过走马镇的堰垭学校，当时，那位28岁的女校长正在与全校师生共同经历每年一次的枯水期，除了烧饭必须用水，洗漱、上厕所等能省的地方基本都省了。因为当校长面对的压力太大，这位年轻的校长偷偷哭过好几回，但尽管如此，至今她依然坚守在那所学校，令人感慨又敬佩。

校长引我们到会议室坐下。会议室不大，靠墙放着一排沙发，前面是两张玻璃茶几，上面放着手工塑料花。角落的饮水机上罩着塑料袋，显然还没开封。一位老师提着热水壶给我们倒茶。从校长口中，我了解到目前高峰小学共72个孩子，虽然人少，倒也是所完全小学，一到六年级都有学生。大多数学生是住校的，每周五下午由家长接回，周一一早再送过来，这个情况与其他农村学校类似。

谈话间，一个戴耳套、穿格子大衣的男生歪着脑袋偷偷在门口瞅我们，我朝他看过去，他却一转身哧溜一下跑开了。马上又过来几个孩子，远远地在会议室门口看我们，还用手指指点点，一脸好奇。校长还在和高老师交谈，我则对学生更感兴趣，坐了一会儿，便起身去教室。

隔壁就是三年级，教室里七八张桌椅歪歪斜斜地散放着，却空无一人。再往前是四年级。一个女生在写字，还有两个女生在相互梳头发。大概看到了我这陌生人，几个男生从外面飞奔进教室，在我面前一圈围站，毫不避讳地打量起我来。

其中一个男生脸圆圆的，两颊透着高原红，蓝色毛衣外面套着件条纹马甲，上前一步指指我，大声问："叫什么?!"

没有称呼，没有客套，一句话直愣愣地丢过来，像是梁山好汉遇到拦路打劫时的一声大喝，只是那双又黑又亮的眼睛中没有恶意，也不像有警惕，只朝我眨巴着看。

我一下子被逗乐了："我姓刘。"

像得了命令般，"高原红"迅速转头，拉着其他几个同学低声郑重其事地说了几句，又转身问："你是老师吗?"

"你看呢?"我笑着看他。

"嗯……像。"语气有点犹豫起来。

"我是老师。"

像是印证了原先的猜想，几个男生默契地交流了一下眼神。突然，"高原红"猛地拉过一把椅子，颇有气派地大声"喝"道："来，坐!"又推推后面一个男生，指示他："你去泡茶，快!"

几个男生推搡着开始嬉笑，他们当然没处泡茶。

我坐下来，问他们现在做什么。他们抢着告诉我，现在是午休，可以在外面玩，也可以看书写字。我拿起手机看了看时间，下午3点半。老师呢？不知道。作业呢？没有作业。放学呢？还早呢，我，他，还有她们，都住学校。一天几节课？六节。不对，七节，还有晚自习。叽叽喳喳的小麻雀们欢快地围在我周围。我提议给他们拍照。小麻雀们一下子来劲了，争着往镜头前挤。

我走到教室门外，他们也跟着到教室门外。不知什么时候，刚才会议室门口跑开的小男生也夹在他们当中了。我蹲下来拉拉他的耳套："刚才你跑得好快啊！"还没等小男生说话，旁边有个声音说，他跑步很快的！对对对，他和谁谁可以比一比！旁边七嘴八舌地叫着某个女生的名字。比赛！比赛！没等我反应过来，两个选手就自发地跑起来了，围观的一群孩子也跟着跑。一下子，二三十个身影雀跃在鲜亮的红色跑道上，加油声、呐喊声在校园里回荡。那一刻，我被那些小小的充满生命力的身体感动了。阳光打在我的脸上，我的心里升腾起一种美好的情愫。我仿佛回到了二十多年前我的母校，校舍还没有那么新，操场还没有那么大，墙内一圈辛夷树，枝叶和香味常常伸出围墙去，角落里是悬着几根麻绳的秋千架，每天傍晚，一个扎羊角辫的小姑娘就会到这里跟小伙伴们比谁荡得高。夕阳西下，空气中弥漫的是同一种激动兴奋，小姑娘脸上洋溢的是同一种烂漫天真，胸中涌动的是同样的至真至纯。

"你是公主！公主！"一群低年级的女生围在和我同行的田老师身边。个子小小的田老师穿了一件白色的羽绒服，看样子，女生们都把她当白雪公主了。

"万一她不是公主，而是坏人呢？"我逗她们。

"嗯，不是的，不是的！她是好人！"小家伙们毫不犹豫，急着摇头反驳，"她那么漂亮，肯定是好人！这里是学校呀，坏人进不来的！"孩子们是单纯的，相信老师，相信他人，相信世界；他们心中的真善美是合而为一、清晰可见的，美好的事物、美好的言语会直抵他们幼小的心灵，给以温润而持久的力量。

当天最遗憾的是没有满足孩子们的心愿，给他们上一节课。因为来高峰小学是临时起意，所以没有任何准备。高老师提议时，一时间，我想不到合适的内容，便婉拒了。如今想来，哪怕是和他们一起做个游戏、唱首歌也是好的，只是，不知这个遗憾是否有机会去弥补了。

龙潭小学送教

今天，我又下乡了。

正如杭州帮扶恩施，作为师资、条件相对较好的县实验小学，也有自己的帮扶对象。今天我去的龙潭小学就是县实验小学的对口帮扶学校。

龙潭小学是太平乡龙潭村的一所小学，开车半小时便能到县城。这里名头上是一所学校，实际上却不如说是个教学点，因为学生年级不齐全，所以不属于"完全小学"，这还是我第一次知道"完小"的意思。目前学校只有二、三、四、六年级22个学生，活动现场，一个普通的镜头便足以将全校师生囊括其中。全校22个学生中，最小的一个孩子是二年级，也是唯一一个二年级学生；最大的13岁，是个女生，听孩子们说，是他们的班长。这些孩子大多数因为离家太远或无人照顾，只能住校，所以学校老师也是住在学校的，从工作职责来说，他们兼具了老师和家长两种身份。

到学校时已经9点，龙潭小学的吴校长出来迎接我们。这是个出生于1985年的女老师，既是全校唯一的女老师，也是最年轻的老师，她兼任美术、音乐、语文、思品等多个学科。学校的教学楼一字排开，但只有两层，可能建校时也是考虑到学生数不多吧。学校占地面积和实验小学差不多，但比实小安静多了，偌大的场地除了我们几个外来者的交谈声，便只有细雨的淅沥声了。吴校长指着右边一排平房告诉我们，孩子们都已经在教室里等候了。顺着她手指的方向看去，亮着灯的教室玻璃后面果然有几个人影蹿窜，耳边还能听到孩子的叫嚷声："来了，来了！快！"我们相视而笑。

沿着铺满煤灰石子的操场跑道便能进到教室，我抬头看到教室门口写着"四年级"。是了，年级就是班级，已经不需要分班了。孩子们坐在教室中间，闪着好奇而羞涩的眼睛打量着我们这群陌生人。教室靠墙处摆着几条长条凳，大约是给老师们坐的。黑板上是笔法稚嫩的几个字："龙潭小学欢迎您"，底下画着一些花，比较特别的是，它们全部用了白粉笔，我猜是因为学校没有彩色粉笔吧。黑板上方是一面国旗，两边贴着"创新进取，团结向上"——在走访多所小学之后，我发现，这种20世纪80年代风格的班训仍然是当地教室的流行格式。教室后墙也有口号，只不过上面写的是"我快乐、我自信、我健康、我能行"，下面则是"学习园地"，贴着几张白纸，其中一张用绿色的水彩笔歪歪斜斜地画出一张表格，写有几个名字，大概是孩子们的学习激励区。80平方米的水泥地上满是小坑小洼，在这种地面上，小凳子是放不平的，粉刷多年的白墙也因鞋印、手印、颜料等褪变成灰白色，角落里是长久未被注意过的蛛网，有的从天花板垂下时沾了很多灰尘，挂得很长很长，镶着玻璃的木头窗框早已锈迹斑驳，几乎分辨不出油漆的颜色。

陆陆续续地，龙潭小学全体老师都到场了，有八九个人，他们一字排开站到了台上。我注意到老师们的年纪在50岁上下，大都身材瘦小，面色黝黑，并且都穿着暗色的棉衣，缩着手站立着。

我们开始简单的捐赠仪式。

除了一些体育器材，我们还为每位师生带来了一本书。在向玲副校长逐一为老师们赠书后，老师们都一个个恭谨而无声地坐回后排的长条凳，没有多余的表情和动作，也没有代表性的发言。这让我有点讶异。

赠书之后，吴校长说今天孩子们也带来了自己的礼物。不一会儿，礼物被端上来了。那是一盘用泥巴烧制的爱心、葫芦和五角星以及两盒千纸鹤，上面还有一封信，打开看时，只有两句话"谢谢老师能从那么运（远）的地方来看我们，……不要介意我画的（得）丑，字丑，但是这是我的一份心意，谢谢！"谢过孩子，我小心地挑了一颗五角星和一颗爱心端详起来。泥塑表面很粗糙，没有上色，也不像是经过设计，但细看下，五角星的棱角却一个个捏出了尖角，信封上也用彩色笔做过装饰，显然花过好一番心思。吴校长说，这全是孩子自己做的，学校里谁也没教过他们做泥塑，不知他们怎么就会了。我非常惊讶，在杭州的课堂里，这样的学生作品一定会被陈列起来，至少要被包装一下，成为一件艺术品的！

因为不了解学情，所以我们带来的送教课都是活动课，也便于打通所有年级，让所有孩子一起参与。课堂共四节：杜海霞老师的美术课、金章琼老师的音乐课、我的英语活动课以及龙燕和向玲的男女生心理团辅课。

因为语言基础跨度太大，我考虑再三，决定以小组合作的方式，让孩子们共同制作一册绘本。绘本共五页，每页一句话，关键词只有一个bee。我想，阅读是永恒的教育话题，估计龙潭小学的孩子没读过英语绘本，这第一本英语读物是由他们亲手制作的，想来会很难忘，今后或许还会对英语阅读产生兴趣。此外，全英语课堂想来也是值得他体验吧——就连县城的学校也很少全英文上课，那么龙潭小学的情况应该不会更好。考虑到全英文的体验和应用应该尽可能发生在真实的语境中，我决定让英语课从一开始就没有正儿八经的"上课，下课"这样明确的界限，而是让学生根据我的口头指令去布置场地、在游戏中分组，以这种方式参与学习。

金老师的音乐课一结束，我便上台用英文邀请孩子们帮忙整理场地，将椅子向外围成一个圈。不出所料，一开始，孩子们根本无法理解，于是我一边重复指令，一边现场示范椅子的摆放方式，并用手势比画一个大大的圆。有几个反应快的孩子听懂了，开始跟着指挥"这么放！围成圆圈！"我微笑着向他们竖起大拇指，并示意其他同学学着样子摆放。很快，桌椅便按要求摆好了。我心里暗暗感叹：哪有学不了英语的孩子，只要有资源，谁都能学啊！

接下来是分组，通过"抢凳子"，我要将孩子们分成五组。活动中出现了一个小插曲，有一个孩子由于没抢到凳子而哭了，我安慰他也没有用，他的眼泪仍然止不住地往下流，此时，原本就透着高原红的脸蛋更红了。还有什么既可以安慰他，又能让他保持活动的参与感？那……就让他控制抢凳子的节奏吧！最终，在控制最后一轮游戏时，孩子挂着眼泪兴奋地边跳边笑出了声，并开开心心参加到后面的环节中去了。是的，杭州也好，鹤峰也罢，哪里的孩子都一样，这就是最真实的天性呵！

分组结束后，我松了一口气，开始要求孩子们完成下一个任务：完成拼图，粘贴到指定区域中，做成一张绘本图页，任务完成后，我会将各组的绘图页装订成一册书。拼图任务是我的第一次尝试，我觉得以拼图为主的任务会聚焦关键词，一页一句的语言输入量也没有压力，全体参与制作更能让学生对绘本有归属感。最后的结果基本达到预期，学生能迅速理解我的指令，并很快完成任务。在归纳出关键词bee之后，我和孩子们共同朗读了这本绘本，孩子们还给绘本取了个题目*Bee*，最后我补上了校名。整个活动过程非常自然连贯，孩子们也表现出了对书的喜爱，一个孩子甚至在活动结束后马上就把书拿走去翻看了。

一个上午的活动时间不长，而孩子们给我留下的印象却很深刻。女生团辅时，我鼓励她们好好学习，"以后可能会走出山村，去

在太平乡龙潭小学送教

杭州或其他城市学习"，结果孩子们却一个个摇摇头往后退，说"我不行的"。他们是自卑，还是自谦？这里是中国最基层农村教育的一个缩影，这里不缺校舍，也不缺硬件设施——教室里的触摸屏大电脑是胜利小学也还没有配备的。送教下乡，送去的是什么？惊鸿一瞥之后，还能留下什么改变吗？听课时，我和旁边一位老师交谈，想了解学校的更多情况，那位50多岁的老师却侧过半边脸，抱歉地说自己耳朵不好使，于是我们的谈话只能到此为止。

活动结束后，我们同行的几位老师找地方合了影，已经吃完饭的孩子们簇拥在一旁围观。这时，那位13岁的班长胆子大些，问我信不信她能把我抱起来。我笑着说，信。她果真一把把我抱起，然后在围观同学的叫好声中往前走了几步。孩子们兴奋起来。一个高年级女生问我有没有QQ或微信，另一个女生也凑过来问。我看着她们稚嫩却渴望成熟的脸，点点头，说希望和她们在杭州相见。

他们真的会来杭州吗？我对此并不乐观。回途时听同事说，这所学校的家长大多在外打工，孩子由祖辈或者亲戚照管，读书读不读得好、能读到什么程度，一看孩子的"书性"，二看家里有没有条件供他上学，一般读到初中毕业，他们会去打工，女孩子可能早早地就嫁人了。因为不重视教育，所以孩子便没有更好的就业选择，而如果以打零工为生的这一代人依然不重视教育，他们的下一代很可能会重蹈覆辙，这是贫困在教育上的代际传递，要改变这一现状，我们还有很长的路要走。

真实的对话

——燕子镇送教下乡随感

这周，我又下乡两天，是和高德义老师一起在燕子乡参加国培活动。

活动是在燕子乡民族中心学校进行的。燕子乡是我支教学校的教研组长田远铃老师的老家，这次的活动，她与葛小红、邓霞、朱玉琴几位英语老师得到学校批准，当旁听生一块儿参加。

民族中心学校是田老师的小学母校，一进学校，她就兴奋地向我们指点："以前我住这儿，我在这儿玩泥巴，以前我妈骂我我就躲这个楼梯口……"我们跟着她参观了一圈，这个学校确实漂亮，占地面积大概40亩，正中间是两个篮球场和一个足球场……是的，我没有看错，这里居然有个足球场！运动场周围是两幢教学楼和若干宿舍楼，学校整体开阔、简单、清爽，加上蓝天白云的背景，简直是幅水彩画，把我这个"杭州来的老师"看呆了！于是不禁感叹，县城的硬件比杭州好，乡镇的条件又比县城好，在这里工作，该是多么幸福的事情！

这次下乡教研围绕对话教学展开，共有来自不同乡镇的四堂对话课，我的任务是做课堂点评。四堂课都是第二单元第一课时，每个年级一堂，虽然最终目标达成度不一，但看得出老师们都进行了认真设计。鹤峰县的教师年龄普遍偏大，以我所在的实验小学为例，教师平均年龄为44岁，我在那里算是第三年轻的老师。但英语作为一门新兴学科，语言关决定了它的准入门槛，因而教师整体年龄比其他学科年轻些。这次各乡镇推选出的上课代表都在30多岁，口语基本功较好，执教五年级的李嫣老师甚至是专业八级的英语水平。

根据高老师下发的安排表，我的评课时间大概有一小时，活动前一天，我已经对评课思路做了粗略考虑，原想围绕对话教学，抓住"真实性"，从语言、语境两方面来讲讲我的想法。但实际到了听课后才发现，课堂中亟须解决的还是目标定位、课堂结构、基本环节处理的问题，于是最后决定临时改变话题，围绕目标达成度来点评。其实，正儿八经地拿自己当专家来评课，我这还是第一次，虽然听课笔记和思考洋洋洒洒写了几大张，但碍于自身能力水平，还是觉得专业度很不够。

在这次评课中，我先肯定了老师们的教研态度和研究氛围——这是真心，绝非恭维。说实话，要能翻几个山头把大家聚在一起做教研是非常不容易的，这是在杭州的我几乎不敢想象的事情。同时，承担开课任务的也并不都是年纪轻的小姑娘，也有任教近十年的老师，此外还有转岗到英语学科或从初中转到小学的老师。因此，县教研部门要成功组织一次这样的活动，前期要做很多工作。根据此前参加过的一些研讨活动，我发现鹤峰小学英语团队的评课氛围非常棒，老师们并不都是只听不说的"沉默者"，不少老师愿意且敢于当众表达，虽然话不多，但有自己观点，看得出相当一部分老师对自己的课堂是有要求的。

之后，我结合当天的对话课，分享了课堂教学中的四条建议：

一、进行恰当的目标定位

对话教学在设计时逃不开话题、内容、功能三个要素。而课堂的目标也往往会在了解整册教材、整个大单元核心素养的基础上来定义。比如今天五年级的这堂课，上的是第二单元 Let's talk，以季节和天气为话题，以 Mr. Jones 在课堂上带孩子们讨论最喜欢的季节为内容，以 Which season do you like best? I like…… it's …… 实现问询喜好的功能。从三维目标来看，这堂课在整个单元中的目标定位是准确的。尤其这堂课将 Let's learn 的四个季节词汇也纳入了教学内容，却又着重 winter 和 spring 中需要用到的词，弱化处理 summer 和 autumn 这两个词，使四个单词的着墨浓淡有别，这样的处理很精准，既丰富了对话内容，使本课的话题不至于停留在春天这一个季节里，又不给学生过多的输出要求，比较适合学生的学习起点。从之后的课堂推进来看，李老师始终紧紧围绕这个目标展开，在引导上、时间上都保证了学生的充分练习，一节课下来，学生的知识增量比较明显，学习兴趣也比较浓厚。

目标扣准了，教学环节便可按部就班，老师心里有谱了，学生的学习过程才可能有条不紊，这就是"以终为始"的设计思路，这条思路在各种课型中都非常值得我们学习，甚至在生活中，我们要想做好一件事，这个方法也同样适用。

二、部署合理的教学结构

一般而言,语言学习遵循先输入、再内化、再输出的顺序。根据这一学习规律,我们教学组织者在一堂课的结构设计和某一环节的教学流程上也可以这样来设计。但要注意在环节的处理上要充分考虑学生的学习状态和学习能力。

今天三年级这堂课中,Chen Jie向Amy介绍自己的爸爸,目标语言是Who's that man/woman? He's/She's …在呈现新知阶段,我注意到上课老师呈现了一遍课文动画后,就匆忙安排学生角色表演,但是面对老师热切的鼓励,学生却始终不敢举手。为什么他们不敢举手呢?因为他们还没有经历"学"的过程,他们还不会啊!观看动画,只能让学生对本课的话题建立初步印象,然而他们尚未进行目标语言音、义的理解,也没有在老师的帮助下做过操练,他们甚至可能不清楚自己对动画的理解是否正确。在众目睽睽之下举手发言本来就需要很大的勇气,而没有一点把握就贸然举手,要承受的心理负担太大。语言学习是建立在不断模仿和大量练习的基础之上的,没有输入,输出也便无从谈起。要让学生卸下心理负担,就需要老师做好充分的铺垫,不仅让学生知道该说什么,也让学生有试错、纠错的机会。比较合理的是将角色表演环节放到文本处理之后,这时,学生的学习过程已经充分展开,也开始有了表达的欲望,此时进行角色表演能恰到好处地满足他们的学习需求。

三、确定精准的教学重点

既是重点，自然不是面面俱到，否则便不成重点。设计教学环节时，每一个环节都要有特定的指向，且能让学生理解老师的意图，这样师生就能配合得更有默契。

四年级这堂课是两个男生放学后在学校操场打球，最后保安提醒他们回家的一段对话，课堂以What time is it? It's ……It's time for ……为目标语言。若暂且撇开情境，单看目标语言的处理，我们可以发现这堂课用了"由局部到整体"的教学结构，先将所有语言点全部拎出，进行音形义的教学，然后处理文本。在拎出语言点时，老师处理了clock, o'clock, what time is it, it's 6 o'clock=6:00, P.M. for dinner, over等诸多语言点，只是所呈现的这么多语言点都是孤立的个体，如果以学生的视角来看，他是否能以整体方式去看待和理解，是否清楚这些重点词的详略和主次呢？比如到底哪个才是今天这堂课必须掌握的重点？我想，如果将P.M.、for dinner、over等词放入文本中去理解、去带读，甚至直接用情境带入文本，在情境的推进中理解、学习运用目标语言，可能会既省时间，又更有效。

四、考虑对话的真实性

怎样是真实的对话？我听过浙江一位小学英语教研员凌应强老师的说法，真实对话有三种形式：一是全真的语境，是完全真实的生活情境，当然，这个在课堂中百分百还原有点费力费时。二是在头脑中模拟想象的语境,这一点在胡春洞教授很早的一本书《英语学习论》中有过举例,例中介绍了一位语言学家失忆又复忆的例子,最后这位语言学家记忆最深刻的不是母语,反而是在无语境下所学的拉丁语,而拉丁语是纯粹由他在头脑中模拟想象的语境下学习的。因此我们可以认为,只要头脑中能够不断地模拟真实语境,便能高效习得语言。三是半真实语境,通过课堂的模拟训练,生成语境,进行有意义的、指向性的交际。

以上三点的共性是均指向"言为心声"。我们的课堂中应当提供机会让学生说他想说的,也要保证练习时间让学生能说他想说的,而我们老师所能做的是通过设计,让学生们"想说的"恰好是这堂课的目标语言。从目标实际达成度来看,可能会有一些距离,当然其中有学生本身语言积累不够的原因,毕竟学生每周只有三节课时间,就英语词汇储备来说,也是很不够的。不过我想,正因为时间有限,所以在这40分钟的组织引导时,就更应当将时间用好、用足。如果仅仅是做句型替换,或者让学生读出所学句式和所给内容,那并不是对话课的理想目标。今天五年级的这堂课气氛热烈,课堂高潮部分是学生去采访同学的季节喜好,此时他们已经能比较流利地运用这个对话了,也已经具备了"真实对话"的基础,如果再做一点引导,比如提供一个语段的支架,让学生试着把情境演绎充分,而不仅是照着黑板句式进行机械地一问一答,那学生一定可以向"真实对话"迈进更大的一步。

其实,根据半年来我所看到的课堂,鹤峰的课堂中"真实对话"的确还是偏少的,我想这主要是因为欠缺持续、频繁的教师培训。

遥远的山路、闭塞的信息隔绝了外界的资讯，然而老师们本身的学习力和内驱力是强大的，这种积极向上的劲头并不逊色于杭州的老师。上学期，李金艳老师说听了我的课之后觉得自己的课堂上可以有所借鉴，于是连续修改了三稿教案和PPT，次日顺利施教，她刻苦努力的劲头令我感佩。前年还在教语文的李敏源老师是这次四年级英语课的执教者，她在说课环节中坦言，上学期还在中英互译中教学生"ruler，尺子"，但在听了我的课和讲座之后，现在不仅在课堂上用起了教学资源包，也撇开了花哨的PPT背景，对于这次的课件，她没有从网上下载现成的，全是自己做的，并且她发现，全英文教学在家常课上并非不可能。今天，虽然她全英文的课堂用语是提前背过的，但听课的我却丝毫看不出背稿痕迹，一个已入中年的老师能以初入讲台的新教师心态对待业务，这可不简单！是啊，年龄绝非

送教活动中正在上课的孩子们

限制,不能因为年龄大就拒绝成长,何况怎样才算年龄大呢? 两年后,小学英语教研员高德义老师就要退休,但他始终走在学习的路上,这几年不仅自学了普通话,而且在来燕子乡的路上,他一直在畅想着退休后如何继续为当地小学英语教学做点贡献,他不就是个很好的例证吗? 如果学校和当地的教育部门能够提供更大的生长空间、更多的业务资源,何愁老师们不成长? 如果老师们成长了,学生们又怎会不成长?

在实践中学习评课
——送教太平乡有感

　　历经四天的听课，我深深感觉在鹤峰做教研活动之不易。这几天，我发现有好几位执课老师转岗自其他学科、其他学段，他们有的去年还在中学，有的两年前还在上语文，有的去年刚刚参加了美术教师技能比赛，而那些现在站在小学英语课堂里的老师，很可能于明年、后年会转到其他学科、学段，专业的不稳定对他们持续深入钻研教材和课堂提出了挑战。老师的年龄结构也是一大问题。英语学科相对好一些，以30多岁的老师为主，但在这批参会老师中仍有不少50岁左右的老师。此外，山高路远的地理位置也给来自各乡镇的参会老师增加了奔波的辛劳。开车三个多小时聚到一起，次日下午，各自回到安静的校园，而下一次的碰头不知会在何时。研讨机会少、展示平台小，使得当地教研发展迟缓。

　　尽管如此，老师对课堂研究还是很有热情的，愿意不断尝试和学习。他们能直面自己课堂的不足，并以一种开放的心态来面对他人的批评意见并提出自己的质疑。这背后，一方面是由于高老师的鼓励和推动；另一方面也源于老师自身的孜孜以求。今天说课过程中，刘荣老师就非常坦诚地说原先自己是上高中英语的，对小学课堂的教学方式缺乏经验，希望今天能借机会得到大家的帮助。而以各乡镇为小组的评课团队也对四堂课发表了自己的想法，有一说一，没有伪饰的赞美和例行公事的敷衍。批评有多直接，赞美就有多真诚，这样的真实和简单令我欣喜。

有了上一次评课的经验，这一次的评课思路就更清晰了，也有了一定的方法。第一，心中有"谱"，提前做好评课准备。我认为，听课是要带着对学科、对课堂的理解来进行的，在杭州，有很多教研员评课时几乎把一篇"评课论文"做进PPT里，当天的课堂只是作为案例补充而已，这是非常厉害的，我这个一线出来的老师没有这么足的理论底气，只能停留在"就课评课"的水平。不过，因为燕子镇的四堂课已经让我对鹤峰县老师对"对话教学"的整体认识程度有了基本判断，所以在今天听课前，我也做了准备，并拟好了评课小标题。之后的评课就聚焦对话课中教学目标的确立和达成来展开，在听课过程中，我将目标达成度作为课堂观察的核心，并在听课中随时补充想法。就这样，课听完，评课的案例也形成了。

第二，手中有"例"，放大课堂优点、亮点。回想自己初登讲台时，会有老教师在评课时说"好的方面我就不说了，我就讲讲改进的方面吧"，但现在觉得改进建议固然要直言不讳，但肯定课堂优点同样重要。当课堂呈现的优点不是老师有意识的行为时，它需要被明确和肯定；当它只是老师习惯性的行为、只知其然而不知所以然时，需要给予理念支撑行动的底气，而更多的时候则是通过评课者对课堂亮点的阐述和放大，让其他听课老师学习和借鉴。此外，考虑到这里有些执教老师还是第一次上公开课，将心比心，站在被评价一方的执教老师是非常需要认同和鼓励的，于是我几乎将能找到的所有优点都点到了。

第三，心中有"理"，让理论增加建议的说服力。因为之前已经对当地课堂有了一定了解，所以我决定围绕"真实对话"来谈谈目标达成度，为此，我在评课前重新温习了布鲁姆目标分类金字塔理论，通过呈现被动学习和主动学习后信息在学习者头脑中的留存率来印证课堂教学中体验和参与方式的重要性，在评课现场，我又结合了当天课堂环节的案例来加以印证。

老师们非常认真地聆听，并积极参与了之后的讨论交流，大家表示活动氛围很好，这样的培训形式很棒。只是对我来说，评课过程中听着老师们一口一个"杭州专家"，实在觉得难为情。几次教学活动逼着我整理了自己对课堂教学的认识库存，让我清晰地看到自己对课堂的理解更多地停留在教学经验层面，而在理论层面仍然存在短板。身份的转换让我开始正视教学理论，也重新想到了书桌上去年买回的几本书。我暗下决心，这次教研结束，一定开始重启我的专业阅读之旅！这应该是这次教研活动给我带来的最大鞭策。

词汇教学：从记忆到思维

——鹤峰县中营乡小学英语骨干教师培训会报告

老师们：

大家上午好。

非常开心能够到美丽的中营乡民族学校和大家聊一聊。一路上，高老师都在和我讲中营是如何美丽，昨天，我在这个美丽的地方听了一堂美丽的课，今天又看到一群美丽的人，我的心情也一下子美丽了很多。

今天，我在这里并不算是做一个专家讲座，因为我不是专家，我是来自浙江省杭州市上城区胜利小学的一名普通的小学英语老师，就在一线工作。工作的前七年，我是在浙江省绍兴市西施故里诸暨，这是一个有点像鹤峰的小县城，在那里，我遇到了我英语教学路上的恩师，其一直指引着我课堂教学的方向；后面七年，我在杭州的钱塘江畔度过，那里的土壤特别适合学术的自由生长，也让我对"英语教学"的思考慢慢发展到对"英语教育"的思考。我的所思所想、所做所学都是这两个城市大量的一线教学实践带来的。我一直都在小学任教，从一年级到六年级都教过。我没有教过中学，便没办法像高老师和在座教过中学的老师一样对中小学教材的纵向编排了然于胸。但我多多少少接触过一些不同的小学英语教材。我带过两届完整的老版本PEP教材,以及完整的四年新版教材,上过朗文英语,上过剑桥英语,也接触过新概念经典版和青少年版英语材料,以及一些北美的幼儿英语教辅材料。我觉得,不同教材的实践和研究对我的英语课堂教学有很大的促进作用,在不同教材的比较中,我更能了解可以进行哪些补充和整合。同一个教学内容,为什么这个教材是这样编排,那个教材是那样编排,这对我的教学思考角度有很多启发。

今年8月,在国家东西部协作扶贫工作的召唤下,我来到了鹤峰县。鹤峰县城真是武陵山脉腹地的一颗明珠啊,一到这个地方,我就被它吸引了。大家可能对青山绿水、白云蓝天已经见怪不怪了,但对于我这个一年365天只能看到100天蓝天的异乡人来说,这里真是美极了!而且这里民风淳朴,人情温暖,我一到实验小学,就受到了学校老师的嘘寒问暖,他们帮我要来一张办公桌,教我怎么用烤炉(我们那里没有这东西),问我吃得好不好、睡得好不好,让我有什么困难就找他们,田远铃老师还带我到处去吃好吃的,说要带我吃遍鹤峰城。刚刚到学校没几天,高老师也特地到学校来找我,邀请我参加国培计划的送教活动,后来又邀请我共同担任县教师技能大赛的评委。这真是非常高的礼遇,我觉得非常荣幸,并且在各项活动中学到了很多,也感觉到我们高老师带领的这个英语教学团队非常积极、团结、上进,氛围很好,我非常乐意参与到我们县里的各项英语活动中来,和大家进行一些学术上的交流切磋。

一、鹤峰学生VS杭州学生

我在鹤峰县实验小学带的是六年级，在这两个月的教学实践中，我有机会跟班上学生近距离接触和交流。经常有老师问我："你觉得这里的孩子跟杭州的孩子比，有什么不同？"我想说，两地孩子的学习状态是差不多的，到了六年级，两极分化一定是有的，只是杭州的生存竞争压力更大，杭州的学校和家长更焦虑，加上杭州的优质资源也多，因此家长在不遗余力为孩子创造学习环境的同时，对孩子学习的期望和要求也更高。客观来说，杭州的孩子学习时间更长，接触英语的机会更多，英语水平确实会更高些，加上一些学校经常会有英语类活动，比如英语角、戏剧节，包括国外参观团来访，一访问就会安排学生接待，所以学生使用英语的平台比较多，氛围比较好，学习兴趣激发和持续的可能性也更大。但为什么刚才我说孩子的状态是差不多的呢？因为之前提到的都是外在条件，而外在条件并不是决定性因素，真正起决定性作用的是学生自己。可能我们会觉得鹤峰的学习环境跟杭州相比不够理想，但关键因素——人仍然可以有很好的表现。我在鹤峰实小可以看到一些自发的行为：比如我会要求班里的孩子每天固定时间听读英语，我鼓励家长去帮助孩子执行"21天养成好习惯"的计划，于是在朋友圈有孩子开始朗读打卡，说要挑战100天记录；比如我跟孩子们讲多读英文课外书的好处，于是真的有孩子去买书看了，买书需要钱啊，这一定是孩子自己去争取了家长的支持；又比如我们做主题作业，围绕单元话题做思维导图相当于做一次全面复习，孩子的积极性非常高，很多作业富有创意。这一切都让我觉得，外在的环境是锦上添花，孩子自己的学习内驱力和学习热情才是最重要的，也是需要我们倍加珍惜和呵护的。这些，杭州的孩子有，鹤峰的孩子也有！我们要相信孩子的能力，如果现在没有看见，或许只是时机未到。我和大家所做的事情是一样的，每天耕耘的是同一片土地，每天面对的是一样的教学问题，今天，我也只是站在一线教师的角度上，向大家汇报一下我对于词汇教学的一些认识、思考和实践。

二、学英语≠记单词

最近接连有两个孩子和一个家长问我同一个问题："老师，我要怎么记单词？"有趣的是，我注意到这两个孩子以及这位家长的孩子都是班里英语成绩出类拔萃的，以他们的英语基础和能力，记单词只是小菜一碟。那么，每次听写都可以拿满分的孩子，为什么特地跑来问我这个问题呢？后来我想，或许他们想问我的是另一个问题：老师，我要怎么学英语？在之后的求证中，我的这个猜想得到了他们的肯定回答。而这件事情从侧面透露出，学生和家长对于英语学习存在认识上的偏差：学英语=记单词。

单词重不重要？当然重要。词汇是构成语言的"建筑材料"，是语言构成三要素中最基本的因素，词汇当然是非常重要的！但"学英语=记单词"吗？显然不是。孩子们还小，家长们也不从事教育行业，他们存在这样的理解无可厚非，但我们老师是否也存在这样的认识呢？英语学习的本质到底是什么呢？Why do we learn English?

(随机访谈现场老师)

从英语课程目标结构中，我们可以看到，综合语言运用能力包含语言知识、语言能力、情感态度、学习策略、文化意识五个部分。孩子们口中的"记单词"只是语言知识中的一部分，它是英语学习中极小的一部分。

学英语≠记单词。学习英语需要发展学生的综合语用能力。我看到一些学生，课文能读得比较流利，却有口无心，没办法将课文中的内容转化为自己的东西，属于那种"会说什么就说什么"的学生，却做不到想说什么就说什么。有一次，我在班里上课，有个同学回答自己家住哪里时，无法根据自身实际回答，结果闹了个大笑话。会说什么就说什么，说的不一定是自己的话；想说什么就说什么，说的才是自己的话。一个没内容，一个有内容，二者之间有本质的差别。我想，其根源就在于是否从语言知识转化为语言能力。

三、通过语境记单词

再回到记单词这个话题，记单词是学英语必经的过程，但是怎样来记单词会更有效呢？让我们来做个游戏。我们也来记一下单词，看哪位老师可以在15秒内记住下面所有单词。

potato house witch become vegetables beautiful lake sky bird taxi mountain home

（现场互动：大家是用什么方法记住这些单词的？）

其实这来自一个心理学实验，我只是稍微做了下调整而已。这个实验把学习者分成三组，给予他们同样的学习时间。一组是尽量记；二组是用各种标准对单词做分类；三组是尽量记，尽量分类，最后的测试结果表明，二组和三组的记忆效果是差不多的。

这项实验表明，简单的记忆学习，其效果不如复杂的思维学习——将学习内容结构化。那是因为单纯的记忆活动也需要动脑，但深度和广度远远不及思维活动。英语学习也一样，需要的是更高级的大脑活动。那么怎样来设计这样的思维活动，提高词汇学习的效果呢？义务教育《英语课程标准》早就已经告诉了我们途径："现代外语教育注重语言学习的过程，强调语言学习的实践性，主张学生在语境中接触、体验、理解真实语言，并在此基础上学习和运用语言。"

四、什么是理想的语境

那么，哪些是理想的语境呢？在之前的教学技能比赛中，我看到有几份教案上是这样设计单词教学的：

例一：PEP 5 U1 What's he like? Part B Let's learn

Who is she?

She is Lucy.

What's she like?

She's hard-working.

Hard-working, hard-working, she is hard-working.

Who is he?

She is Toby.

What's he like?

He's shy.

Shy, shy, he is shy.

以同样的方式学完五个关于性格的形容词。

例二：PEP 5 U3 What's your favourite food? Part B Let's learn

What's this?

A tomato.

Yes, it's fresh.

What's this?

Vegetables.

Yes, they're healthy.

我们来看这两个片段，大家认为这是语境的创建吗？

要回答这个问题，首先，我们要搞清楚什么是语境。什么是语境？语境是对语言理解起着巨大作用的背景知识，它具有解释性或制约性。词汇依存于语境并受它影响，也只有在语境中进行词汇教学，才能帮助学习者掌握词汇的确切意义，并准确、灵活地进行语言交际。无论hard-working、shy还是fresh、healthy，请老师注意，这个教学设计所营造的语境对这些词汇进行过解释和制约吗？学生是否能从老师提供的图片、语句中理解目标语言的意义呢？很遗憾，我们并没有从上面两个设计中看到这些，由此可见这种方式并不是语境，它无法为学习新知提供解释。如果增加一个图片的对比，最简单的，比如在例二中增加一个a moldy tomato的图片，那学生就可以从两张图片的比较中猜测到fresh的意义，也就达到了语境的解释性。

其次，对于这一个单词来说，这样的设计是可行的，然而对于课堂来说，光是一个环节的意义建构还不足以支撑起一个完整的语境。这两堂课，老师进行的都是针对一个词的教学设计，单词之间依然是割裂的、碎片化的，Lucy is hard-working和Toby is shy之间也没有任何的联系。还记得刚才我们做的记忆实验吗？迁移过来看，学生在学习中仍然处于单一的记忆模式中，没有建立学习内容之间的逻辑。即使之后通过猜单词、做动作、编歌谣等活动来充实了课堂，但学习的本质仍然是为学单词而学单词，语言仍然是孤立存在的。所以，在没有足够输入量的情况下，缺乏使用的语境和意义的理解，缺乏深层意义的加工，学生很快就会遗忘所学内容，即使记住了词汇的形式和意义，学生也很难将它运用到实际的交际活动中。也就是刚才我提到的那些孩子：口中说的是别人的话，无法"想说什么就说什么"。

五、在语篇情境中教学词汇

怎么打破这个困境？答案是：词汇教学应该基于语篇情境来进行。

首先，选择合适的具体语境教学单词，在教学中，我们主张把单词融入句子、篇章中进行教学，从整体入手，展现给学生完整的语言概念。它的核心思想在于通过有意义的语言输入来激活有意义的语言输出。通俗一点说，先让学生找到学这个知识点的意义，再去解决其他问题。比如说university这个词，在今天的学习中是跟着一个语篇一起出现的新词，那我们在教学中，就要帮助他们理解这个语篇，然后带动着学习词汇。比如可以在熟悉上下文的情况下，问：Where does she work? 学生可能会说She works in a……好，既然他有需求了，那么我们就帮助他解决读音问题，拼写或构词问题。

2008年左右的时候，上海搞单元整体教学、文本再构的研究，特级教师朱浦提出，我们要从"字词句教学带动语境的学习"转向"语境带动字词句教学"，说的就是这个意思。其实这个非常像我在鹤峰学听鹤峰话，我也是在语境中才理解了什么叫"松活些"，然后我又去想，这是哪几个字组成的，于是直到现在，这个鹤峰词语依旧记忆犹新。

词汇意义受社会文化环境、言语情景的影响，要确定词义和用法，必须有具体的语境。单词只有组成句子和话语，才能实现交际功能。

六、在语境中训练思维

胡春洞教授的《英语学习论》中有一句话："学习英语的表层价值是掌握新的交际工具，而其深层价值则是增添新的思维方式，提高思维能力。"从神经生理学来说，学外语会开发大脑右半球，两半球互相协调，又各有分工。因此，开发右半球有助于科学思维的发展和完善。从语言能力结构来说，学外语时往往会与母语做比较，这种比较既会促进英语的掌握，也会推动汉语的完善。很难说一个人只懂一种语言，就彻底认识了这种语言的本质。我们对一种事情的认识需要通过和类似事物的比较。如果一个人总是住在一个地方而未曾走出去过，恐怕很难感受到自己家乡的特点，也无法客观地评价自己的家乡，一旦走出去，领略过其他风土人情，有了比较，他才会逐渐调整自己的认知。曾经我非常苦恼于写作文《我爱我的家乡》，因为当时我没有对比，觉得家乡的一切都是理所当然，恨不起来，也爱不深刻，如今走过、看过一些城市，再来回头看自己的家乡，才知道它虽有自己的局限，却也有着独特的魅力。这是一种思维方式，在英语学习上，其实两者是一样的。

通过学习英语掌握思维方式，这也是现在我们中国学生核心素养计划中特别强调的地方。2018年1月发布的高中英语的课程标准指出，四项学科核心素养是：语言能力、文化品格、思维品质、学习能力，其中将思维放到了非常重要的位置。其实《义务教育英语课程标准》开篇第一段也有写："义务教育阶段的英语课程具有工具性和人文性双重性质。就工具性而言，英语课程承担着培养学生基本英语素养和发展学生思维能力的任务。"从记单词到训练思维，我们作为老师是可以多做一些思考的，这也符合当下的课改趋势。

最后，大家有什么问题可以现场提出，我们一起探讨。（互动交流）

谢谢大家！

杭州的学校来送教了

　　这几天，杭州市天地实验小学团队来思源实验学校支教交流。受王雷英校长之邀，作为鹤峰援教驻守的战友，我全程参加了他们的活动，感受了天地实验小学的团队文化。这一天的活动不啻于一次精神大餐，带给我许多收获。

　　教学交流安排了三节课、两个讲座，满满一整天。坐在思源实验学校的教室里感受杭州的课堂，我心里倍感亲切，像是回到了熟悉的工作环境。说实话，在鹤峰待久了，精神上会产生一些孤独感，这种孤独是当自己所做的事、关注的点、思考的方式和身边同事们产生不了共鸣，无法被引领向上时所产生的精神断源。每当这种时候，我会莫名地想起那些远离故土去进行政治和亲的汉唐公主，山高水长，隔断的不仅是亲人的情思，也是文化生长的基因。如今杭州"家乡人"的到来给了我饥渴而孤独的灵魂一点滋润和慰藉。

　　王安宇老师的语文课《小毛虫》唯美、温润。音乐、图片、朗读、演绎，王老师用尽一切美好，轻轻拨动孩子心头的善与美。

　　"这是一只怎样的毛虫？"王老师用轻柔的话语点拨着这群二年级的孩子。文中的毛虫是笨拙的。你看第三排那个读得疙疙瘩瘩、错音漏字的男生不正像一只笨拙的毛虫吗？是老师一次次的鼓励、

杭州市天地实验小学来鹤峰县送教

掌声和点赞给了这只毛虫不断尝试的勇气和信心。望着男生清澈、明亮、充满希望的眼神，我的眼眶微微湿润，我仿佛看到了刚进一年级的儿子，他一样咬音不准、口齿不清、读得疙疙瘩瘩。儿子也是那只笨拙的毛虫啊！《小毛虫》一课带给孩子们更重要的东西是赋予和找寻内心积极向上的力量。

苏林冲老师上的是一节STEAM课程《吸管高塔》，关于这个内容，之前我听过一节心理团辅课，两种课型关注的侧重点不同，但核心都是以真实世界中的真实问题为内容，为学生打通一条认识世界的道路。但与科学课相比，苏老师本人的学科魅力更大，因为他自己就是一本真实世界的百科全书。在外出采风的路上，他一路为我们——好吧，主要是为我——科普岩石变化和植物种类。鹤峰是喀斯特地貌，山上的岩石常表现为倾斜的平行状，一层层呈片状叠加。

苏老师解释说这是页岩或板岩，因为年代不够久远，所以一般比较脆弱，敲击即碎，且这种岩石层中最易找寻到化石，他甚至真的在五里苏区老街找到了疑似鹦鹉螺的化石，给我们上了生动的一课。后来回到鹤峰，我发现原来步行街的石板上满是这样的化石，原来，我们竟然每天站在化石上而浑然不觉！在屏山，苏老师指给我们看下承式拱桥，还以复兴大桥为例比较了上承式拱桥；在新寨村，他指给我们看芍药、梨花、"榔鸡"……以前，这些苏老师信手拈来的生活常识从不曾得到过我的注意，四体不勤、五谷不分如我，实在是对脚下这片土地知之甚少。苏老师和我眼中的世界定然是不同的，这种不同很大程度来自我们不同的生活背景、专业经历和阅读积淀，短短两天，我从他身上学到了很多新的东西。所谓好看的皮囊千篇一律，有趣的灵魂百里挑一，因为他的讲解，这几天多了不少乐趣。

王雷英校长是这次的带队领导。周四晚上为天地团队接风时，她自带爽朗笑声的开场白让我印象深刻，未见其人，先闻其声，我记得王熙凤出场时也是这般惊艳了全场。联谊活动，听老师上课的时候，她时而紧蹙眉头，时而舒心微笑，时而焦急自语"唉，节奏要再快些啊"；听着孩子的朗读，她会点头赞叹这个孩子读得真好，甚至跟着轻声朗读，那种全然沉浸课堂的样子煞是可爱；说课结束，她会立刻反思，刚才的说课还是太碎了，应该怎样怎样；去茶山采风，她单纯得像个孩子，惊叹、大笑、比个剪刀手拍照；饭桌上菜，她就像个90后，乐滋滋地拍"特色菜"发朋友圈；静谧的山谷里，她会坐在船头即兴清唱《一条路》，歌声婉转，一如她清亮的眼眸。她乐于更新朋友圈，分享自己的生活、工作、思考，里面有随性的记录，也有严肃的观点。在这个逐渐需要克制分享当下生活的自媒体时代，发朋友圈的频率、内容和开放性在某种程度上反映了一个人心灵的自由程度。王校长无疑是一个热爱生活的人，她的身上洋溢着热烈、爽朗、好奇、率性等多种色彩，她的状态正如她所倡导的教育理念："在天地间自由生长"。

在活动中，天地团队还介绍了学校里正在实施的"自我领导力课程"。七个习惯分别渗透于行为习惯的不同方面，从外部环境、听课习惯、体验活动、言行举止等不同角度切入，在孩子心中植下以终为始、要事第一、综合统整等各种意识。这个课程引起了我的兴趣，一者，学生行为习惯的养成本就该是基础教育阶段着力培养和强调的方面；二者，半年前我买入《高效人士的七个习惯》这本书，曾经关注的书籍在现实中得到印证，颇觉惊喜；三者，好的课程多为体验式的、创造式的，而讲座中提到的课程案例个个生动鲜活，引人入胜，孩子的喜怒哀乐呼之欲出，令人向往。

杭州的课程改革是走得比较快的，如今几乎各校都有拿得出手的拳头产品，每一个课程都是值得学习的样本。如果说，胜利小学的节气课程立足传统，建立的是人与自然的关系，天地实验小学的领导力课程则是认识自己，建立人与自己的关系。与不同课程的比对让我对课程的内容选择、实施方式、评价手段有了更直观、更深刻的认识，由此也想到，鹤峰实小若能做一个地方性课程出来，比如做一个土家文化课程，该多好！几个月前，我跟学校老师也畅想过土家族文化寻根的设想，如果能和学校的顶层架构融合，让土家文化成为当地学习课程的一部分，一定是件好事。

送教联谊：
怎样帮助老师看到送教课的价值？

因为杭恩对口帮扶的关系，每年都会有来自上城的团队到鹤峰来搞教学活动，一般是到县城的学校送课、送讲座，偶尔会有到结对的乡镇小学去的，此外有时当地也会派团队到杭州去交流学习，一年来，我在这里就遇到了多支杭州的送教团队，其中有来自新世纪外国语学校的、天地实验小学的、上城区教育基金会的、杭州市胜利小学的……昨天，崇文实验学校团队也抵达这里。

崇文实验学校是和思源实验学校结对的。这次，崇文实验学校共五人来鹤峰，由学校党委副书记葛娟飞带领，是清一色的年轻人。鹤峰的教研机会不多，听说这次崇文团队要来，我便和班主任换了课，到思源实验学校参加了一天的学习。

活动在录播教室进行。上午是听语、数、英等四节课，午饭后是评课交流和德育讲座。和以往一样，听课时，我喜欢坐在教室靠前边的过道上，这个位置既可以近距离观察身边学生的表现，也可以清晰地看到全班学生的状态，亦能看到老师的教学行为。而下午的评课，我也习惯性地坐在第一排的侧边，这个位置不仅能提醒自己保持充分的注意力，也方便在需要时拍照记录和互动。

　　一天听课下来，我的收获非常大。虽然这次葛书记带来的都是年轻人团队，但是无论言谈举止、待人接物，还是课堂驾驭、评课发言，抑或团队分工、合作配合，这些仅有两三年教龄的老师个个表现不俗。

　　和我一起听课的还有鹤峰本地的老师，观课的同时，我也注意到听课老师的一些细节。上午，大部分老师会选择坐在最后一排或者录播教室后面的观察室里，隔着玻璃来听课。下午评课前，因为前排就座的老师太少了，所以学校教导主任在会场上多次要求老师坐到前面来，把前几排位置坐满。评课环节，来交流的老师都是前期写了发言稿，因为都是"有备而来"，针对课堂本身的内容反而很少，后来葛书记评课时委婉地说，照着发言稿讲话多少会欠缺一点"听众感"。又比如，济济一堂的录播教室里，有听课老师在摘录、在听讲，但我总在想，这样的送教课的归宿是哪里？是归档材料上的几页笔记，还是真正引发课堂改变的教学行为？送教对当地老师和课堂的影响力会有多少呢？

　　杭、鹤两地结对交流次数不少，仅2019年我所参加的就有六七次，在每一次精彩课堂结束之后，当专家和上课老师离开恩施之后，我都会想，真正留在这里生根发芽、发挥效益的东西会是什么？加之在鹤峰县教育局和帮扶工作队的要求下，最近我和朱强、朱元华、陈其昌几个支教老师也在给五里乡苏区小学做教师培训，所以关于送教课之于当地老师的实际意义，我不免多想了一些。如果老师们只是"听时心情激动，回去一动不动"，那么送教交流的意义就流失了。或许换一个角度来考虑这个问题会更合适：我们希望老师们从送教联谊活动中获得什么？或者说，学校和组织者可以怎样引导老师去实现这样的获得？

我想应当先要唤醒内在。早上，在与葛娟飞书记步行去学校的路上，我们谈到了支教一年半对于个人成长的帮助，葛书记表示自己对这样的经历很向往，如有机会，也很愿意尝试。她的看法与我完全一致。支教经历确实是帮助我打开视野、探寻更大教育图景的过程。但我知道，这个过程是以主动积极的姿态作为底色的。有了这层底色，生活中便时时可学习，处处是修炼。如果听课学习是一条门缝被撬开后让光洒进来的刹那间，那么只有自己主动撬开门，才有可能看到一片新的天地。由此可见，要能从送教活动中获得一些东西，唤醒内在很关键。有渴望，才会有希望。同样地，要发挥送教活动的效益最大化，也应当让老师们有渴望，有希望。为此，组织方的前期工作不可少。厘清学校所需，厘清老师所需，才能对症下药，有的放矢。其实这和"翻转课堂"、和"带着问题进课堂"是一个道理，主动了解受训者的学习起点，才可能获得之后的学习方向。

紧随其后是教给方法。昨天的送教活动由朱强校长主持，他在主持中常常由小见大，帮听众将看不到的或者看到也不会细究的地方点拨出来，让人恍然大悟。由此我更感高位引导的重要性。我个人的听课经历告诉我，教师个体在听课学习时或许能形成观点，但唯有智慧碰撞、专家引领，才能提升段位。怎样帮助老师们在听课中把握要义、领会精髓，听出"道道"来？就昨天听课评课活动而言，我觉得可以从四个方面来引导老师"看"：

一是看教师团队的专业性。朱校长主持时，从外在着装角度指出崇文的专业性，其实我觉得内在的紧密联结更能体现团队的专业性。除了必需的合作与分工，他们还彼此补位，配合默契，印象比较深的是英语课上学生不敢举手，一旁听课的葛书记和高老师不断为身边的两个孩子打气，最终一个孩子举手了，并在之后的课堂中不断举手。如果说，上课的楼老师努力用课堂成就一个班的学生群体，那么他的队友就在努力成就这两个学生个体。此外，专业性还体现在团支书朱良老师精彩的评课上。作为语文老师，朱老师能敏锐地把握住不同学科课堂的特点，并提出优点和建议，体现了个人的"全科"素养；作为团队点评人，朱老师能照顾到思源、崇文两方听众的感受，比如不露声色地表扬思源的学风，比如点评队友的课时会在优点之余加一个建议，展现了整个送教团队的得体风度。

二是看课堂研究的方向。唯有看到更高远的目标，我们才有希望进步；也唯有明确正确的方向，所有行动才能被赋予意义。核心素养要求的方向是什么？课堂中哪些才是真实发生的学习行为？我们是否以"应然"的心态看待学生的学习起点？其实观课过程是思考行为背后教师理念的过程；而评课过程则是将理念掰开来让人看清楚的过程。因此，真的应该多鼓励老师们参与评课，只有经历从现象到本质的溯源过程，才能让教学理念看得见、摸得着，从而落实到具体的实际操作中。葛书记在评语文课时说，尊重学生，就要尊重学生个体的体验，尊重学生学习的起点。如果只听这一句话，恐怕入心的不会多，但有了上午真实课堂的印证，这句话带给人的力量就非常震撼了。

三是看学生发展的可能性。我之所以想到这一点，是因为自己在下乡上课时,经常听老师略带抱歉地跟我说"我们的孩子基础薄弱,全英文可能听不懂、说不出"。其实,孩子本身哪有太多差别,只是孩子所处的环境和他所采取的学习方式有所不同啊!因此在听楼老师的英语课时,我特别注意到他是如何让孩子们去"听懂"、去"表达"的。比如从提问的开放程度、从合作学习方式、从前后照应的表现性任务方面,楼老师不仅做了科学设计,也根据学生的现场表现做了即时调整,最终孩子们的学习增量是清晰可见的。给一条学生发展的途径,给一个学生成长的图景,这可以是老师们在观课中的另一个方面。

第四是看学生表现的平台。学生天赋不同,禀性各异,有的善说,有的善写,有的善画,有的善演,要为他们搭建不同的平台,才能成就不同的学生。这样的平台自然不只局限在课堂中,但从送教课中,我们已能以一斑窥全豹,看到一些成就学生的方式。比如小组合作、分层任务,等等。

在送教活动结束之后,反思复盘更应成为点睛之笔。"复盘"这个词好像来自围棋领域,但事实上在为人处世的每个方面,及时"复盘"都能让人受益无穷。一者可以复他人的盘,看看能否将他人的长处梳理出一二三;二者可以复自己的盘,想想自己是否言行有失;三者可以系统复盘,思考整个活动对自己、对他人的意义。古人曾说:"一日三省吾身",圣人训言犹在耳,虽然我们难望其项背,但自我鞭策、努力趋近总是可以的。

与智者交，如沐春风

4月下旬，我与向玲、龙燕、李方一行四人奔赴杭州。这次和鹤峰实小的三位老师一起来到胜利小学，既是帮扶战略促成的幸事，也是两校结对交流的缘分，于我，则更多几分"两地亲"的感觉。

赴杭学习的重点在19日全天的节气课程展示暨新书发布会。节气课程是胜利小学的德育特色课程，是一门通过时令农俗的浸润式学习来培养学生核心素养的综合实践课程，从2015年到2019年，我亲眼见证了课程的萌发、壮大、开花、结果。如今四载一剑，专著出炉，可以说是全体胜利人智慧和汗水的结晶。

上午，局领导致辞后，刘力教授精彩开场，剖析节气课程的价值与意义。他强调从传承民族文化精神的角度来看待节气课程的育人价值，他认为中华民族的价值观就应该从最传统、最本原的人与自然相处中去体现，这既是教育人对传统的致敬，更是传统文化在国民教育中的复兴。他提到俄罗斯人"精神道德教育"一词，有点家国情怀的意思，记之。

刘力教授之后是俞珺校长、蔡爱朵、林詹也、王昊等老师从学校领导、基础干部、一线老师的角度畅谈自己对节气课程的认识。那些亲切而熟悉的面庞，时而高亢、时而低回的演讲，仿佛将我带回到和胜利小学的同事们一起进行课程开发的日子，感慨良多。接下去来课堂展示，为时60分钟的《谷雨龙井》由三位老师协作教学，学生分组呈现茶叶研学心得。刘徽教授在评课环节中对课程进行了充分肯定，她从加德纳多元智力理论中的自然智力入手，揭示出节气课程将自然与学习进行真实连接的意义所在。她认为学习中多感官的参与可以促进今后学习的力量，多学科的参与可以打破学习的时空概念，为孩子们创设新的生长平台。学校教育不应只教会孩子面向未来去工作，也应当引导孩子面向未来去生活。刘教授的发言就像她本人的气质，总是散发出女性特有的对生命意义的理解和温情。

中午安排的是三个场馆的同时展示，分别是徐寻知与杨彬老师的园艺农耕课、张丽红老师的诗画雅集课和王媛与廖园老师的主题研学汇报。杭师大教授王凯、叶哲铭和教科所所长俞晓东分别就三堂课对节气课程进行了综合点评，其中最令我有共鸣和启发的是三位专家对于项目式学习和研学线路设计的几个观点。对于项目式学习，我是很感兴趣的，去年看过一本杂志，里面做了一期世界各地项目式学习的案例，其间的描述让我很想亲临现场去深入了解这种学习方式。而在活动现场，专家点评中多次提及节气课程有着项目式学习的雏形，今后应当走向项目式学习。于是在现场，我找到了机会就这个话题与专家直接对话，几位专家的回答让我对项目式学习有了更深入的理解。原来我只知道这是源自美国的一种学习方式，旨在促进学习对于真实世界中真实问题的关注、解决和探究，以及在这一过程中综合能力的培养，它需要以不同形式的成果体现学习的最终达成。但专家指出，其实项目式学习在中国由来已久，只是由于现在过于强调分科式学习，我们需要重新审视类似项目式学习的综合学习方式来予以调和。它需要有物化的呈现作为学习成果，但对于低龄儿童，这种呈现可以是一张海报、一份设计图，也可以是一场表演、一次演说。项目式学习有四个特点：一是选题要有真实的教育意义；二是强调设计和学科融合；三是活动方式综合化；很遗憾第四点忘了——当时听得太入神，没有及时记录。项目式学习的出发点在于学生的真实生活、真实问题，说到这个问题时，王凯教授打开了话匣子，提到了目前教育界对分科学习与综合学习的优劣比较，他认为现在的舆论有些偏重对综合式学习的追捧，但事实上，两种学习方式各有千秋，彼此互补，我们应当视具体教育情境去选择。

现场，傅蝶老师也就当下热门的"研学"提问：如何设计研学手册？王凯教授侃侃而谈道，手册设计需抓住两个要素：其一是问题的设计，研学手册中必须要有关键性问题，其次可以让学生自己寻找感兴趣的问题；其二是对空间感的建立，比如通过路线图示帮助学生建构起地理文化意识、区域规则等。因为近期正在思考杭、恩两地研学路线开发在理论上的可能性，所以这番话给了我很大启发。

与智者对话不啻于一场精神盛宴，让人意犹未尽。突然我发现，如果搞理论研究能结合实际去理解，真的是挺有意思的一件事。

第四章　百年老校

悠悠溇水河，兴衰千古事。

鹤峰县实验小学是一所百年老校，其历史可追溯到172年前道光年间的鹤鸣书院。在那些兵荒马乱的岁月里，它发生过什么？经历过什么？在新时代中，它可以做些什么？

"百年实小，伴你高飞。"在一年半的时间里，在朋友们的帮助下，我们尝试着梳理学校的历史文脉，找寻学校的文化基因，我们描摹过学校的顶层架构，提炼了学校的核心语词，尝试着引进一些力量，为老校做一些寸进之功。或许这些行动还不够成熟，却不乏探索的勇气。

做报告时的"听众感"

8月27日是我正式去鹤峰上班的日子。

当天下午从天荒坪机场去鹤峰的路上,我接到了鹤峰县实验小学易爱民校长的电话,易校长邀请我于29日早上为学校老师做一个报告,说是开学第一次全体教师会议,让我给老师们讲讲杭州的教育,给即将开始新学期的老师们鼓鼓劲。

时间这么短?我迅速在脑中盘算了一下:因为之前已经接受了思源实验学校田勇校长的邀请到他们学校做报告,所以明天已有一个发言;后天到实小又要讲一个完全不同的内容,这还真考验我啊!但实小第一次的培训任务必须应承。就这样,我硬着头皮接受了易受民校长的邀请。

28日,我在思源实验学校做了报告,介绍了胜利小学的节气课程。以前我介绍过这部分内容,但对于这次发言,我自己觉得很不满意,最主要的一点是完全找不到和台下听众的连接感。回来后,我一直反思,最后总结出三点:一是选题不当,没有去了解校情,因为据次日与实小老师的交流,当地学校从未做过"课程",对我所讲的内容没有先期的背景了解;二是沟通不够,我与田勇校长只是短信往来,彼此未做充分沟通;三是没有控制好时间,原先预计1小时，结果超时10分钟。老师们听没有共鸣的讲座，确实会有疲乏感，又哪里会有"听众感"呢？

所谓知己知彼，百战不殆。吸取了第一次做报告的教训后，准备实小的发言前，我与易校长进行了反复沟通。易校长希望我讲讲杭州教育是怎么样的，希望我能带给老师们一些思想上的冲击，他说，开学前的教师培训没有安排其他内容，我讲完后就是学期工作布置和师德理论考试。

晚上回到宿舍，我认真思考了一下，觉得这个话题有点大，于是选择了切口小一点的话题——讲讲我的学校，胜利小学。作为杭州市诸多小学中的一个缩影，杭州市胜利小学非常合适。比如，我可以讲讲学校的历史，让大家看看这两所百年老校是否会有共同的特质；我可以讲讲学校的工作日常，这既是我最熟悉的，也是最容易引起一线老师共鸣的，老师们还能通过对比，从而产生新的想法；我可以讲讲学生的在校活动，通过照片、视频向老师们展示胜利小学的一些特色课程。

因为胜利小学的办学理念是"让每一个儿童享受成长的幸福"，所以这次的发言，我打算以《胜利人的幸福密码》为题，从"千里之外的幸福相遇""百年老校的幸福梦想""胜利精神的幸福密码"三个方面展开。但是，怎样让老师们愿意听我这个并不了解当地校情的人讲话，对我讲的东西有点兴趣？我想，还是要从"听众感"入手。比如，设计一个尽量能够拉近彼此距离的开场白。

老师们，今天我们的见面注定是一种缘分，这要从7这个数字说起。大家知道,7是一个特殊的数字,小孩的身心发展,每隔七年是一个重要阶段,婚姻里,有"七年之痒"的说法。对我个人来说,七年也是蛮特别的,工作的第一个七年,我在一个小县城的实验小学工作,第二个七年,我来到省城的实验学校工作,现在是第三个七年的开始,我又来到另一个县城的实验小学工作。我觉得我和实验小学挺有缘分的。

这里还有个小插曲。原先组织上安排我到思源实验学校,杭州派来的另一位朱强老师在实小。可后来发现鹤峰实小与胜利小学是结对学校,我又恰好是胜利小学的老师,于是又将我调回到实小,让朱强老师去了思源实验学校。同时,这学期,我们实小派出的宋娇老师也到胜利小学去交流。看吧,今天我能站在这里,有没有"过五关,斩六将"的感觉?只能说,我和大家真是缘分不浅!

此外,我们之间的缘分历史悠久。胜利小学是一所百年老校,鹤峰实小也是一所百年老校。我从一所老校到另一所老校,来做一座两地教育文化交流的桥梁,见证一段学校结对联谊的历史,这一定是缘分天注定啊!有缘千里来相会,无缘对面手难牵。我能到这里来,绝对是件幸福的事。

鹤峰是土家族的主要聚居地,来到这里后,这里特有的风土人情给我留下了深刻印象。

第一,民风悍。"悍"这个说法和"凶悍"不同,它绝非贬义,而是带有粗犷、豪爽之意。"彪悍"一词是向玲副校长在第一次跟我见面时给土家人贴的标签,在四楼办公室里,她连唱带演地全方位展示了她这个土家族人的热情与奔放。土家族人在吃住方面也很

"悍"，不同于杭州美观精致的轻碟小菜，这里的菜是一盆一盆上的，这里的粥一盛一大碗，馒头的个头也是杭州的两倍。土家人的心气宽，比如差不多宽窄的一条水道，江浙人可能叫它"江"，而这里却可能叫"河"。

第二，节奏慢。记得第一次来实小时，我从四楼办公室的窗户望向下面的操场，不时走过几位老师，闲庭信步，神态悠然。这与杭州老师的状态完全不同。在杭州，老师们经常心里同时记挂着多件事情，走路恨不能三步并作两步，迎面两人匆匆见面也不忘叮嘱一句"赶快把文件发我QQ上！"而在这里，节奏慢了，步调缓了，便能时时驻足，去发现浮云的飘动，此及山色的流转；嘈杂声弱了，幸福感强了，心也静了、沉了，我想，我们老师做事情一定是更从容、更细致的。

第三，人情暖。初到实小，人生地不熟，也担心过衣食住行是否能适应的问题。但到这里后，我便发现之前完全是多虑。因为易校长和组织上早已为我做了充分的准备，不仅在工作上，而且在生活上也经常对我嘘寒问暖，关怀备至。向副校长在暑假便为我张罗租房子的事；还在朋友圈帮我打广告，龙主任和杜主任紧跟着在朋友圈散播消息；和我一间办公室的杜主任从家里带来了工具篮，让我缺啥都别买，她家里有，否则浪费钱；总务处向主任贴心地给我准备了杯子，还连夜安装了电脑……这一切周到体贴的照顾让我这个异乡人真切地感受到了家的温暖。

同样是挂职，今年，实小的宋老师也到杭州去挂职一年半。我觉得，她受到的关爱可能没有我这么多。这绝不是胜利小学的老师刻意怠慢，而是杭州的节奏太快，工作方式也不一样，老师们可能没有那么多时间围在一起聊家常。而胜利小学的这种快节奏工作状态应该是杭州这个大环境的一个缩影。

现在的杭州刚刚从二线城市转为准一线城市，城市发展正处于"后峰会前亚运"之时，历史的使命让这座城市逐渐被推到世界的面前。在国际化进程中，杭州必须有更多担当。比如安保级别的提升、空气质量的改善、市容市貌的美化、文化产业的蓬勃、高新产业的集聚……这一切都显示出杭州这座准一线城市在面对变化与挑战时的姿态。

面对这样一个变化加速度的时代，教育人应当思考些什么呢？在日新月异的今天，教育如何与时代同步？（观看视频）从数字移民到数字原住民，孩子的学习方式在变；短短周末两天，也愿意带孩子参加全国各地的活动，家长的观念在变；学习资源获取便捷，学生需求在变……乱花渐欲迷人眼，在变化的时代里，如何秉持教育人的初心？面对那么多教育理念，如何鉴别信息，帮助孩子合理规划学习道路？对于这些问题，我没有答案，但希望跟大家共同思考、一起探讨。

这样一番开场白后，再进入主体报告，可能会和老师们拉近些距离吧？从昨天下午一直准备到晚上，我终于完成了发言的PPT《胜利人的幸福密码》。

今天，在实验小学五楼阶梯教室里，我完成了这次报告。虽然对"学情"几无了解，但老师们的听课状态和现场互动给了我很多

"现场感"，我觉得这次讲话比前一天的发言要好一些。想来，这无非得益于两点：一是选题切合听众实际——这次只谈了杭州学校的常规工作和基本操作，略提了学校的课程，这显然更符合鹤峰老师的需求；二是用词口语化，尽量找寻和听众老师的共同点。对于这次发言，我自觉有了些"听众感"，现场老师们对我非常包容，不仅认真聆听，偶尔还有笑声和掌声呼应，这给了台上的我不少鼓励。事后，不少同事对我说，"刘老师，你讲得真好"，这让我觉得挺开心，所有的辛苦也便值得了。

曾经我在一则微信公众里看到一句话，"你现在的状态取决于你前两年的努力，你两年后的状态取决你现在的努力"。背靠大树好乘凉，这两年的我将远离胜利小学这棵大树，将从何处汲取能量？两年后的我会呈现一个怎样的面貌，交上怎样一份答卷？这也算是我初到鹤峰留给自己的大问题，且让我慢慢思考。

游手好闲

这几天，我脑子里一直盘旋一个词——游手好闲。在社会文化认同中，这个词带有贬义，不过，试想能将一切形而下抛诸脑后，身无羁绊，随心所动，每天看风景、聊人生、谈教育，的确是最令人向往的生活状态了吧？网红宣言"世界太大，我想去看看"不就是它的一个注脚吗？

到鹤峰一周，基本生活已然安顿，对于日常讲课、管班和基本校务工作，我都能在工作时间内完成，下班之后"游手好闲"的生活就在眼前。然而，真到了那一刻，我发现自己却也没办法"闲"下来，因为感觉有太多事情可以做！

首先，建立朋友圈。人是群居动物，健康的生理和心理状态需要环境与社交的支持。在杭州，虽然工作、家庭占据了我95%的自由时间，每天的活动范围基本上是"学校—家"两点一线，但至少还有同学朋友偶尔能见见面，找寻一下自己在生活中的坐标；而在鹤峰，虽然时间更自由了，但孤身来鄂，远离家乡，环境适应、心理建设都必须靠自己。俗话说，在家靠父母，出门靠朋友。异地他乡，多个朋友，心也更安定些。

在鹤峰，有来自武汉、恩施、临安、上城等不同城市的四拨援派医生,大家都是因为共同的目的来到这里。我的住宿被安排在医院,便与众多援派医生们做了一栋楼的邻居。我们十几位援派人员上班时间分头工作,下班后共进晚餐,这晚餐的一小时便成了交朋友的好机会。在这里,我认识了风趣幽默且有医学情怀的妇科医生高亚洲、一双巧手能钓鱼也能做手术牵引床的骨科医生吴军、通晓百家侃侃而谈的哈佛毕业生张陈医生、腼腆细心的土家族耳鼻喉科医生殷祖坤……而晚餐时间之外,当然时不时还会跟上城区的"鹤峰小家园"同胞碰头会面,家园的成员有挂职副县长的程志强、挂职扶贫办副主任的罗亨斌、挂职纪委的马超、挂职思源实验学校的朱强、挂职县中心医院的熊娟娟和我,我们几个因为来自上城,也因为工作性质,所以相对更亲近些。有了固定的朋友圈,每晚的朋友聚餐就像家人见面。

其次,课堂教学。跟孩子第一次见面,我便发现这里的孩子英语口语表达能力与杭州孩子差距很大,六年级的学生,能用英语说完整一句话的不足10%。但是接了这两个班,总想要做点什么帮到他们。于是我想了想,决定先从家校共建入手,便做了一份问卷调查。从问卷中了解到孩子之前的学习偏重单词识记,较少实际应用;同时家庭的支持力度也不大 (在班主任的紧盯慢催下,两个班112位学生提交了101份有效问卷),监护人学历最高为本科的共7位,学历为初中或高中的占大多数,为小学或未读过书的有16位。在这种情况下,要取得家长的支持,只能在教孩子的同时,给家长也做好培训,让他们了解学英语的重要性,指导他们在家如何协助孩子学习。于是第一周,我针对学生不适应全英文课堂教学写了《致家长的信》，同时尽可能借助音乐、美术等手段帮助学生多角度接触英语，建立英语跟生活的联系。就这样，午间音乐*A Little Love*唱起来了，微信群的口语作业传上来了，主题作业How do you get there张贴起来了，听读打卡roadmap用起来了，愿意争取听写满分的孩子多一些了……孩子的英语学习兴趣的确被调动了起来，但个性化的东西多了，批改和反馈便需要耗费几倍的时间。同时，为取得家长的支持，让英语作业成为家长参与孩子学习、了解孩子成长的机会，周末晚上9点，我会准时在家长群反馈口语情况，尽可能用个性化点评吸引家长参与到孩子的学习过程中来。

最后，创建学校拓展性课程。目前在县市的区域抽测上，鹤峰实小能够取得比较好的成绩，但学生没有任何社团活动，学校也没有开设其他拓展性课程。除了基础课程，学生和老师很少有机会接触到符合时代发展的其他信息。也是机缘巧合，杭州临安援派的高亚洲医生有为学校老师讲课的想法，与我同住的熊娟娟医生又恰好负责健康管理科，愿意为学生讲讲青春期知识。三个"臭皮匠"一拍即合，"一米阳光"公益课程项目便应运而生。在跟学校和高亚洲医生反复沟通之后，面向鹤峰实小全体老师的妇女健康保健讲座打响了公益讲座第一炮。老师们对这次讲座非常感兴趣，而且讲座结束后还有很多老师跑去医院或通过微信号找高医生问诊。这次活动被《恩施日报》报道，虽然报道中并没出现"一米阳光"项目，但我想，能施惠于人，便已是好事。这次是面向老师的课程，今后可以开展面向学生的课程。如何做、谁来做、面向哪些学生，当时这些问题还在我脑中徘徊。

同时，参与鹤峰实小校园文化建设的大志向也在悄然萌发。鹤峰实小是所百年老校，从1991年校舍在庙堂的基础上翻新重建，校长易爱民便一直参与着学校的发展。也是由于他的用心用情，这所学校一直是鹤峰县小学里知名度和教学质量最高的一所。但易校长也敏锐地捕捉到了学校发展中的文化缺失，希望为学校进行顶层设计，找到一条特色发展的道路。也是因为他的信任和鼓励，我想到了以前参加培训时接触过的成都问对教育，希望借助他们的力量，为学校做一个高位引领，也想借机学习一下如何进行学校的顶层设计。此事还在进行中，希望自己能够有所助力。

虽然我到了鹤峰，得了"游手好闲"的时机，却也并没有"闲"下来的机会。即便如此，这样的生活还是让人身心愉快的。几年前，我在无锡听新锐教师蔡朝阳讲课，他说最想要的生活就是"游手好闲"。几年后，为了追寻有意义的教育，他走出体制，真的"闲"了下来。只不过到这一步时，他不仅照样勤勤恳恳地写他的公众号圈粉，还跟伙伴创办了白鱼文化，把游学课程做得风生水起。可以说，他的"闲"是为了另一种"忙"，他的"游"是为了另一种"学"。此消彼长，轮回往复，蔡老师给"游手好闲"一词下了新的定义。马克思说，劳动创造价值。我想，在创造价值的过程中，我们也该满足自己的自我实现。这些想"闲"而不得"闲"的行为算是追求自我实现吗？我不清楚。我只单纯地觉得，到这里的一年半时间中，我有责任去看些什么、想些什么、做些什么。我喜欢听这座容美古城下风的吟唱，以及山的诉说，但我更喜欢看同伴的微笑，以及孩子的惊喜，为此，我愿意去忙一忙、累一累。否则，两年后的自己会如何看待现在的自己呢？

　　"有一天，我将会老去，希望你会觉得满意，我没有对不起那个十五岁的自己。"我特别喜欢刘若英的这首歌，哪怕青春不再，但仍坚持初心。

值得奋斗的每一天

今天是5月的最后一天，因为恰是周五，各校都选在这一天欢庆"六一"，鹤峰实小也不例外，安排了一场大型全校会演。从原创诗歌朗诵比赛到主持人选拔赛，从十佳歌手选拔赛到"色彩童年"艺术秀，再到今天的全校会演，这两周里，马不停蹄的系列活动忙坏了全校师生。

其间，我担任了三场比赛的评委，参加了毕业班师生节目和全校教师朗诵，最近一段时间的中午、傍晚、周末，我花了很多时间加班排练、录音，以至于很多个好消息都没来得及记录。今天，满世界都在花式庆"六一"，我就不凑热闹写"六一"节了，还是补个笔，记录一下近日的五个好消息，权当是我这个大朋友收到的儿童节礼物吧。

第一个好消息是关于小杰家的。小杰是我班里的一个贫困生，小杰爸爸罹患重病，全家只有低保收入，于是我便联系了胜利小学借"六一"节帮着他家卖土豆。这次胜利小学的土豆义卖一举售罄，共计收到6600元，比预定价格多出1600元。经过我们胜利小学可爱的班主任的爱心动员，当天现场生意很火爆，学生处特意搭了棚，做了海报，孩子们排着队来买土豆，我听说一些孩子来晚了没买到，还挺失望。有老师请同学拿着100元钱去帮忙买一袋土豆回来，结果孩子回来告诉她"早就卖光了";有孩子在信封里装了500元钱,说"只要给我一袋土豆就行了";还有家长了解到小杰缺乏课外书籍,便主动联系我希望为小杰捐几套书。凡此种种善行,不胜枚举。虽然款项不算多,但我想家长的爱心必能让孩子从小耳濡目染。

其实在出售土豆前,我还考虑过"万一没卖光"的情况,但学校总务处王兴华老师一句话就打消了我的顾虑:"卖不完的我解决!"一场活动下来,感激与感动难以言表,与其说让小杰一家获益,不如说是我首先从中感受到了巨大的正能量。虽然我不在现场,无法了解更多信息,但胜利师生的真情已经从零碎的细节中传递给了我,我也愿意将这滚烫而热烈的情谊传递给小杰一家。

第二个好消息是中天交通集团对鹤峰实小的图书馆援建项目又有了实质性进展。这事还要从今年4月底说起。我在一次朋友聚会上偶遇中天交通集团的董事长楼国栋,他们的湖北分公司正打算在恩施援建一个图书馆,听说我正好在鹤峰支教,楼董便主动询问了当地的一些情况。在我的推荐下,楼董表示可以进一步考察,如果条件合适,就将援建项目定在鹤峰县实验小学。原以为席间一番话只是闲聊,谁料之后中天交通集团便迅速行动,将援建项目提上了议事日程。5月下旬,中天交通集团行政部的张清华带着几个人来学校考察,拍了很多照片回去讨论项目实施的可行性,之后张总给我打来电话,希望我尽快和学校联系沟通,并讨论学校图书馆的改建方案,他们已决定将援建项目放在实小,想尽早讨论落实,同时表示公司还打算在6月上旬再来学校拍摄一部宣传片,作为公司慈善动员会的素材。在电话中,我和张总交流了第一批资助图书的大致数量，其中包括班级图书角、公共区域图书、教师书籍以及展柜类型。张总问得很细，考虑得也很周到，她还询问了学校放暑假的时间，并表示第一批资助的图书最早能在学期末寄到学校。

通完电话，光是想象下学期的图书角，就让我兴奋起来！中天交通集团的办事思路很明确，行动力更是非常迅速的！这令我很意外，也很感动。孩子们，你们马上就能在崭新的图书馆里看书了！

第三个好消息是前阵子上城区望江街道联系组织的"六一"节捐书活动，受到了鹤峰师生们的热烈欢迎。在扶贫办罗亨斌副主任的牵线下，一批批传递着温暖的图书、一封封充满真情的信从杭州经武汉、到恩施、进鹤峰，最终来到鹤峰实小二年级孩子们的手中。杭州的幼儿园小朋友们寄来的信，图文并茂，很是可爱，鹤峰的孩子们争着抢着一睹为快；杭州崇文实验学校三（5）班的信是用精致的小卡片写的，鹤峰的孩子们读完哥哥姐姐们的祝福，惊喜地发现"卡片背后的图画真漂亮"；有些长信是杭州的叔叔阿姨们写的，孩子们读来略显吃力，但仍然坚持用稚嫩的手指逐字逐字地看，还不时念出声来，那认真的姿态让人感动；有孩子表示"一定把送来的书全部看完"，有孩子说"实在太开心了"，也有孩子感叹"如果能和杭州的哥哥姐姐见面就更好了"。在学校庆"六一"活动现场的LED屏上，鹤峰的孩子们观看了两地联谊的活动视频，当发现自己也能在视频上出现时，他们更是雀跃不已。

分享快乐总能让快乐持续更久，彼此感恩能让美好传递更远。这段时间，实小的向玲老师全程参与了活动过程，她觉得这次活动带给孩子们的不仅是一份被人关怀的温暖，更是一份有意义的精神财富。她打算下周语文课教孩子们写信，写给杭州的叔叔阿姨和哥哥姐姐们，这既是一种礼节性回馈，也是让孩子学习感恩的重要仪式。嗯，想一想，这之后，会不会还有后续的交流与沟通呢？

对此，我很乐观，我想说的第四个好消息就恰好证明了这一点。虽然我一直觉得信息时代再进行书信交流结对有点落俗套，但事实告诉我，孩子们乐此不疲，毕竟与一个千里之外不曾谋面的同龄人沟通，多少是件充满神秘的事情！

这周二，上城区金承涛区长带队调研结对帮扶工作，我遇到了陪同来访的紫阳街道副主任蒋晓伟，一聊才发现原来他是胜利小学蒋柳依同学的爸爸。蒋柳依的画作在学校里小有名气，负责学生工作的我对她的名字自然相当熟悉。蒋爸爸说，这学期，鹤峰实小和胜利小学五年级的孩子开展了书信结对活动，小朋友们通过书信认识后，就一直你来我往地在持续交流。这次，他受女儿的嘱托带了些书想送给结对的这位同学，打算晚上和这家人见个面，代女儿向小伙伴问个好。

蒋爸爸的一番话令我惊喜不已。五年级两地孩子的书信结对，我是参与其中沟通联系的，当时我以为孩子们能够一来一往写封信就不错了，在这个浮躁的时代，要通过写信交上朋友，恐怕不会有几个孩子有那么多耐心。没想到，有心的孩子不仅真的结成了好朋友，而且从纸笔交谈走到了现实生活！惊喜之余，我也感慨：孩子们的内心是纯净的，情感是真挚的，以心以情交友，有时候，我们这些大人真是小看他们了！

第五个好消息是VIPKID乡村公益课堂项目有望在鹤峰实小开

鹤峰县实验小学的孩子正在读杭州小伙伴的来信

展。VIPKID是做少儿在线英语的一家公司，主打北美外教的线上英语课。最初是鹤峰帮扶工作队的罗主任给我提供信息，建议我牵线搭桥试一试的。我和VIPKID公司做了几次沟通和联系，打听了这个项目的性质、操作方式、硬件设备，觉得实施上应该没有什么困难，便跟易校长做了沟通。易校长很支持这个项目，虽然目前还无法在全校普及，但他认为哪怕只有小部分学生能够体验外教课堂也是件好事，他还马上联系了英语组组长田远铃，请她一同跟进。抓住机会，利用资源，小步推进，怎么说都是在向前走！

好消息带来好心情。虽絮絮叨叨，不过流水账而已，但记录的内容让我觉得有意义、很充实，它让我感觉在鹤峰的每一天都有新的变化，在实小的每一天都值得奋斗！

鹤鸣书苑

今天是11月1日，鹤峰县实验小学重建的图书馆——鹤鸣书苑正式竣工交接！天公作美，清早，久违的阳光映着蓝天白云，衬得人心情格外好。按计划，上午10点将在实验小学的操场上举行图书馆揭牌暨第一批爱心图书捐赠仪式。

中天交通集团对这次仪式非常重视，董事长楼国栋因为当天有重要会议而无法亲临现场，故委派副总裁汪华刚一行出席仪式。几位代表提前一天就从武汉赶到鹤峰，这几位代表中，副总裁汪华刚与我素未谋面，他将在仪式上代表公司揭牌和捐赠；行政部副总张清华和董秘于清清我已熟识，她们身材瘦削，办事干练，这个项目就是她们亲自过来考察并跟进到底的；还有负责项目施工和验收的老总杨震，他参与了图书馆改建的全过程，在他的指挥下，图书馆华丽而迅速地转身，蜕变为如今孩子们期待的模样；此外还有负责宣传报道的小荣和公司的几位志愿者。

仪式简朴而隆重。在副校长向玲的主持下，少先队员们为与会嘉宾戴上红领巾，我和汪总分别代表学校和公司致辞，随后，汪总和鹤峰县教育局覃文全局长共同为鹤鸣书苑揭牌，由汪总代表公司向学校赠送价值20万元的爱心图书和助学箱，最后易校长致谢，师生朗诵《我读书，我成长，我快乐》。我的发言从图书馆的名字——"鹤鸣书苑"入手，借此渗透校园文化——介绍实验小学的前身、图书馆被命名的历史缘由，同时告诉孩子们应当对付出心血与劳动的人们心存敬意。我想，学校的历史和前身本就是孩子们应当铭记的，而"鹤鸣书苑"这个名字寓意"鹤鸣九天，孜孜以学"，它既承载了学校的文化根脉，也寄托了全校师生和爱心人士对孩子们的期望。其实，为了图书馆的名字，易校长、我以及其他老师已讨论多日，"中天爱心图书馆""容米爱心图书馆""悦伴中天爱心图书馆""鹤鸣书院""鹤鸣斋""晨夕馆""晨夕书苑""悦伴天空""鹤鸣图书馆"……在所有备选项中，最终确定了"鹤鸣书苑"。今天，这个名字通过扬声器响彻了实验小学上空，想必今后孩子们会记住它，记住172年前在这方热土上传出琅琅书声的这个书院吧！

仪式流程虽短，但在场的2000多人却专注而入神。尤其最后的师生朗诵既激励人心，又情深意长，将活动气氛推向高潮，公司的几位老总直言自己听得热泪盈眶。他们对覃局长和易校长夸道："朗诵节目非常精彩，孩子的表现也这么优秀！今天的活动仪式感很强！"

说起鹤鸣书苑的重建，可以算得上一场美好的邂逅。今年上半年，中天交通集团董事长楼国栋得知我在鹤峰支教，便主动向我打听当地的教育情况，他们公司正在准备做一个教育公益援助项目，不过除了物质援助，他们更希望做一些深度的、有互动的长期项目。我把这个情况跟易校长一讲，他很高兴，并表示热烈欢迎。经过两次实地考察和面对面交流，最终双方确定合作开展三年期"书香校园"建设，由中天交通集团出资改造图书馆，并每年为学校添置10

在鹤鸣书苑爱心捐赠仪式上的合影

万元以上的新书,校方则做好师生阅读推广。楼董是个雷厉风行的人,项目一经提上日程,便迅速推进。楼董甚至亲自出图,设计了图书馆改建方案。7月初,我与易校长受邀到武汉参加中天交通集团的新楼落成仪式,在那里,公司与学校签订了"书香校园"三年捐赠协议。8月,鹤鸣书苑改造方案和预算出炉。9月,工程部完成两地对接和实地测量。10月,改造工程完成。11月的第一天,场馆正式交接。

作为整个项目的牵线人和见证者,我经历了项目的每个环节,亲眼看着这颗种子生根、发芽、开花、结果,我也深刻感受到现代社会中大企业越来越强的社会帮扶和责任意识。上半年,楼董就向我介绍过中天总公司每年所做的结对、捐款、救灾、志愿服务等工作,他说至今总公司在公益慈善方面的投入已超过4.4亿元。鹤峰的"书香校园"项目是中天交通集团所做的第一个乡村图书馆试点,他们计划以此为样板继续推进,给更多乡村学校带去精神食粮。但同时他也提到,并不是所有善意的付出都能得到同样善意的回应。汪总提到公司在汶川地震时花了大量人力、物力、财力修建救灾安置房,结果由于一些原因,当地百姓不仅没有住进去,反而将铁皮拆成零件并卖掉。这令公司高层深刻反思:究竟慈善该如何来做?公益不是心血来潮,而是需要全盘统筹,考虑多方因素:何时何地、以何种方式去奉献这份善心,才能保证这份善意被接纳,让其作用得以最大限度地发挥?为此,在这次的图书馆项目中,张总和于秘书不远千里,坐飞机、坐汽车辗转七小时,两次亲临学校,除了当面沟通援建细节,想必也是为确保这份爱心值得托付。我非常认可这份认真和审慎的态度,同时更理解中天交通集团做这件事情的初心:通过提供物质基础来助力孩子的精神发展。因此,除了心怀感恩,我想我们学校更该做的应当是积极思考怎样行动才能真正助孩子高飞,也让爱心得偿所愿。鹤鸣书苑,除了可以让孩子们有好书可读、有地方可去读,还可以成为读书交流、观点碰撞的场所;众多图书,除了个人读,也可以共读、亲子读、老师引导着当堂读、在学校读书活动中读……而这些阅读氛围需要学校来营造、来烘托。其实,今年6月,在决定重建图书馆时,我已向学校提交了"晨夕伴读课程"的方案。我一直希望学校可以早点开展伴读课程,这样或许我还有机会为孩子们多做一些事情,比如借助胜利小学的力量,为鹤峰打造一个阅读课程的样板,我甚至已经口头邀请了胜利小学的陈松法老师来这里给老师们讲讲如何开展深度阅读,这两年,他一直在研究这个课题，很有一些心得。再过两个月，我的挂职期就满了，就要离开鹤峰了，真不知道是否还能见到"晨夕伴读课程"落地，见到孩子们手捧图书沉浸其中的那一刻，说实话，我心里有点着急。我热切地盼望着这一天的到来，盼望着鹤鸣书苑能够为孩子们的阅读插上翅膀，鹤鸣九天！

鹤鸣九天　伴你高飞

——鹤鸣书苑竣工捐赠仪式上的发言

各位亲爱的朋友们、老师们、同学们：

大家好！

刚才向校长说到了我们学校新的图书馆，那大家知道我们的图书馆在哪里吗？它叫什么名字？

是的，这个图书馆在我的左手边，科教楼二楼。172年前，我们鹤峰县有一个读书的地方，叫作鹤鸣书院，整个县城最有学问的人都在那里学习，他们很受老百姓的尊敬。经过几个朝代的战乱、变迁，这个书院的名字改了很多次，校舍搬了很多次，但鹤峰的老百姓始终没有忘记它，没有放弃它，因为在鹤峰老百姓心中，读书是天大的事情。那么现在这个书院在哪儿呢？哦，现在它不叫鹤鸣书院了，它叫鹤峰县实验小学，它正是你、我脚踩的这方土地。中国古人立志修身、齐家、治国、平天下，读书是每个君子的必经之路，直到现在，我们依然崇尚阅读。虽然鹤鸣书院不在了，但我们希望这个承载文化的名字不被时间所掩盖，因此，除了一个"院"改为了"苑"，图书馆基本沿用了当年的名字，我们叫它"鹤鸣书苑"。

鹤鸣书苑的重建要特别感谢中天交通集团。中天交通集团是

装修一新的爱心图书馆——鹤鸣书苑

一个有着强烈社会责任感的公司,在得知我们有重建图书馆的愿望后,他们经过两次实地考察,决定出资为我们重建鹤鸣书苑,从设计到施工,从建图书馆到购置新书,他们用半年时间,让学校图书馆焕然一新,让"鹤鸣书苑"这个满含历史意义的名字得以重现鹤峰。我们实小的同学是幸运的,等新书入库、标码、归置之后,你们就可以在图书馆里尽情享受阅读的快乐了,你可以把读书心得写在卡片上、贴在书苑展示区分享给他人。如果条件允许,你也可以把喜欢的书借回家,把故事读给弟弟妹妹们听。对于这一切,想想就激动啊!

我和易校长是见证了鹤鸣书苑整个重建过程的。我们亲眼看到这半年时间有太多人在默默付出。比如为这个捐赠项目拍板的中天交通集团董事长楼国栋先生,今天,他由于工作原因没法到现场,鹤鸣书苑就是他亲自设计的。还有我身边的几位老总,为了我们的图书馆能够顺利建成,他们特地来鹤峰好几次,每次都是坐飞机、坐火车、再坐汽车，路上就要一整天，今天仪式之后，他们马上又要赶回武汉去开会，虽然长途奔波非常累人，但他们依然不辞辛苦地来到现场。还有晚上10点还在加班加点的施工队叔叔们，昨天晚上9点，他们还在鹤鸣书苑仔细检查每一个角落，确保顺利交付。当然还有牵头整件事的易校长、学校后勤和其他老师们。我想，在翻开新书阅读的那一刻，我们每个同学都应该心存敬意。在求知路上，有他人在为我们披荆斩棘，他们用自己的方式助我们成长、伴我们高飞！我们该如何回报这份善意呢？让图书馆真正流动起来、让阅读课程真正实施起来、让每本图物尽其用，我想这一定是回报这份爱心的最好方式！

鹤鸣九天，余音不绝。伴你高飞，孜孜以学。让阅读擦亮我们的心灵，成为我们永伴终生的习惯！

谢谢大家！

善：世间至美

　　每个人生活中所遇到的人、所经历的事，在经过个体的沉淀后，都会化为他身上的骨血，成为他精神世界的一部分。工作、交友、看书、旅行，莫不如此。对于一生中的大多数事情，我们经历过就忘了，但总有一些东西会沉淀到我们心底，在我们需要的时候，化为我们鼻尖的一股清香、手掌的一抔温暖、眼前的一道光芒。历久弥新，它们是世间至美。

　　前天，中天交通集团的几位老总造访学校——这是集团第五次来访了。这次来的是中天交通集团董事长楼国栋，两位项目老总唐吉兵、杨震，董秘于清清和助理荣书琴。和前几次实地考察的行事风格一样，短短半天，他们来去匆匆，目标明确，办事利落。我与中天交通集团结缘是因学校公益图书馆项目，5月至今，我虽与他们往来不多，但算交浅言深。几次接触后，让我不禁感叹他们高效行事、注重细节的工作作风，也由衷钦佩行动背后所自带的鲜明底色——善。什么是善？如果试着给它下一个定义，或许不同的人会有不同的答案。善可能是为流浪乞儿捐衣施物，可能是他人局面尴尬时的主动解围，也可能是莫言笔下自己的母亲面对当年施辱者选择的宽恕。各样表述，不一而足，但无论援助、解围，还是宽恕，都源自为他人着想这一出发点。善既体现着到访者个人的修养，也代表着这个企业的文化。"以慈行善，以善积德，以德化人，是为慈善文化"，这曾是中天交通集团2017年公益慈善报告发布会现场海报上的一句话，但只有亲历了合作过程，才能真切感受到慈、善、德是如何内化为企业员工日常表现的，也才能真的被文化打动。

第一，中天之善在善言。从两方关系上讲，中天交通集团是援助方，实验小学是受援方，施予和受赠容易在姿态上产生微妙的不对等。然而在做公益的整个过程中，中天从未表现出施予者居高临下的优越感，无论线上线下，回复必定有来有往，沟通都是有问必答，且言语有礼，对学校领导、老师非常尊敬。比如这次来访之前，楼董特别交代不要仪式、不要虚礼，不要给学校添麻烦，他们此行只想看看图书馆，看看孩子们，顺便了解一下学校的其他需要。于是

作者与学生在鹤峰县实验小学图书馆共上阅读课

在和易校长商量接待方案时，我们撇开了所有例行接待的客套，只安排了图书馆的参观和现场的六年级读书交流活动。

在读书交流活动现场，学生邀请三位老总分享读书心得。因为是第一次见面，我准备上前介绍嘉宾，这时楼董连忙示意称呼其为"叔叔"。作为教育工作者，以"叔叔"做称谓是我们的习惯，但楼董的特别强调是让我没有想到的。称呼能看出对双方关系的定位，从"老总"到"叔叔"，身份放低了，距离更近了，角色更亲和了，视角更平等了。在和孩子们打完招呼之后，三位老总开始发言。原以为企业老总习惯了会议式的话语体系，出口也定是成人化语言，然而出乎我意料的是，他们的讲话很接地气，看得出来在努力贴近小学生的语言风格。唐总是来者中最年长的，他从如何读书的角度勉励孩子们"明来路，知去路"；杨总则从公司做公益的初衷谈起，鼓励孩子们心怀梦想、勇于实践、相信自己，借助阅读让自己更有能力，进而帮助他人；楼董从自己的求学经历说起，让孩子们明白立志与善良的重要性。谆谆教诲中不乏风趣幽默，语重心长又情真意切。我相信，唯有怀着一颗为孩子考虑的善心，才能出此善言、显其真情。

第二，中天之善在善行。语言或可矫饰，行动方显真章。他们留下的实例太多，圈点之下，一片赤诚。

首先是中天的**速度**。从5月楼董联系我了解学校情况，表达了协助学校建设"书香校园"的想法后，每个月，这个项目都有实质性进展。5月第一次实地考察，评估项目可行性，6月再次考察，拍摄素材宣传募捐，7、8月敲定设计图纸，确定捐赠书目，9月联系施工购买材料，10月入场施工，监督验收，11月1日竣工交付，仪式见证，

12月回访。速度就是行动力，是直指目标的一片诚意。楼董本人全程参与，甚至在指导过程中亲自设计了图书馆装修方案。是做工程的人特别讲求效率吗？看着项目争分夺秒，飞速推进，看着图书馆几乎自动运转一般出现在我面前，有时我会有点恍惚，是哆啦A梦转动了时间轴，压缩了时间，还是仙女教母挥动魔杖，变出了这么一个漂亮的场馆？半年时间，鹤鸣书苑从无到有，孩子们因对书苑的好奇和喜爱而对阅读的热爱与日俱增，这促使着老师去思考如何为他们提供更好的阅读指导。如果之后学校的阅读课程真的能生根发芽，或许是硬件助推了软件的升级。点滴善行，成就爱的汪洋，真希望孩子们不仅能享受到阅读的快乐，也能感受到世间人心的美好。

其次是**数量**。中天交通集团是中天控股集团的子公司，在做公益慈善方面深受中天控股集团多年来理念的引领和影响。从官方报道中可知，中天控股集团在公益慈善方面的各类捐助已超过4.4亿元，包括助学助教、扶贫助困和志愿者服务等。更为可贵的是，在几年如一日的慈善行动中，中天控投集团的员工也深受文化感召。在交谈中我知道，中天的慈善捐助不是仅由公司出资，而是号召员工共同参与，公司通过营造氛围、拓宽渠道、奖励善举来鼓励员工实践"人人可慈善，人人应慈善"的理念，他们甚至将11月1日定为中天慈善行动日。听说在这次学校图书馆装修中，一大半费用是由杨总个人出资的，他同时还结对着几个鹤峰的孩子，承诺照顾他们的生活和学习开支直到大学毕业。这次唐总过来的目的也是打算寻找几个家境贫困的孩子结对子，尽尽自己的一点心力。古语云，"人芝兰之室，久而不闻其香"，想来闻不到芝兰之香，是因为自己也成了"室之一隅"，公司就如芝兰之室，正能量多了，善言善念多了，文化理念便不自觉地落于人心，令芝兰之香满盈。

中天善行还在**姿态**。一心为孩子，谋事而不谋名。这是中天在这半年里留给校长和学校全体老师最大的感受。曾在鹤峰县政府负责过公益慈善工作的副校长玲姐说，她见过很多个打着"公益"之名，行沽名之实的组织，其中有些为了取照做宣传，强行干涉当地学校的教学安排，有的觉得自己有所付出，便颐指气使地对政府提各种要求，破坏了"公益"的本质。有过比较，玲姐对中天的行善便满怀敬意。我没有接触过很多公益组织，但在我印象里，中天人行事可谓低调而自律，时时强调"按学校的要求来"，处处留心"不要给学校添麻烦"，并且十分重视孩子的体验。最初讨论图书馆名字时，公司方想定为"中天爱心图书馆"，但楼董觉得应该尊重学校的文化，最终选择了学校立场，确定为"鹤鸣书苑"。图书馆设计初稿出炉后，楼董反复征求学校意见，"请校长提提意见"，"问问孩子的想法"，墙纸上墙后还不放心地问一句"孩子们喜欢吗"，哪怕在11月1日最隆重的图书馆竣工仪式上，出席的几位老总也完全听从学校的安排，该站台上就认真站好，该靠边时马上让位，负责宣传的助理也很小心地选取角度，抓拍镜头时尽量避免影响师生。我想，这种姿态体现出的不仅是中天人为他人考虑的修养和认真做慈善的专业，更是公司的文化和精神。

第三，中天之善在善念。但凡做成一件事，尤其是需要双方或者多方合作的事，多多少少会遇到沟通不畅或者思路分歧的时候。见识有长短，认知有高低，当一方说话不得体、行事不周全时，需要另一方的妥协和让步。然而，并非所有人都有考虑他人、体贴他人的勇气和胸怀，也并非所有人在遇到困难时都能坚持初心，一如既往。我在上半年帮助贫困孩子组织爱心义购土豆时就遇到过类似的问题，我觉得我没有这样的胸怀去理解对方，中途遇到的各种意外也曾令我对做公益的意义和价值产生过动摇。现在回头来看，当时自己更多的是凭一时的热情在做事，对于公益本身的认识不够到位，组织也不够专业。也正因如此，杨总的一句话更令我肃然起敬。他在结对贫困儿童时，曾遭遇过孩子家人的无理要求，然而他说"不要责怪，要原谅"。云淡风轻的一句话，却在我心里产生了振荡，也令我开始反思：真正的公益人士应当在遇到挫折看清现实时依然热爱、依然前行。正如中天集团在汶川地震后发现自己花很多财力、物力、人力所建的救灾房没有被利用时，高层领导不是埋怨对方，而是重新反思自己的做法可能不是最佳方案。真正的慈悲是容他人之不能容，解他人之不能解，在坚持底线的基础上，从自己的角度去改变。然而很多时候因为没有亲历，我们对这样的话只是知道，却并不理解。有一则报道说，比尔·盖茨自2008年退休之后一直坚持做慈善，每年投入五六十亿美元，他探索非洲的厕所革命、消灭脊髓灰质炎、建立新型核电站……努力尝试从根源上去解决世界性的贫穷问题，但这样一个心怀世界的全球首富，做慈善一样屡屡遇挫。当被问到"遇到困难会如何选择"时，比尔平静地回答："我需要更努力。"赠人玫瑰，手有余香，心有他人，便是善念。或许成功真的不是我们获取了多少，甚至不是我们给予了多少，而是在这条路上，最终我们成了怎样的人。

我们这一生会有无数个记忆瞬间，但真正打动我们的往往不是宏大的场合、精致的着装，而是某个具体而细微的暖心时刻、某个带有温度的交往细节。这些暖意和温度所构成的东西就是善，它无关身份地位、年龄出身，或许它不够起眼、不够有分量，但正是这些一点一滴的东西在向我们倔强地展示着人性的美好，给予我们对这个世界的信心。它们，是世间至美。

以一种幸福的姿态，相伴高飞

——2019 学年新学期全体教师会议上的发言

各位老师：

大家好！

今天，易校长让我来讲讲师德这个话题，但我想，与其和大家来讲师德，不如向大家汇报这一年来我在学校中看到的、听到的、感受到的那些值得回味、值得学习的点点滴滴。因为这些点滴间的故事是能带给他人温暖、传递给他人力量的东西，我把这些故事背后的初心理解为师德。借这个机会，我要感谢那些帮助过我、提点过我，以及给过我热情问候和友好援手的老师们。

一、有一种问候，叫做"过得好吗"

很多次，从杭州回来，或者新的一周开始，我所遇的老师、朋友都会问我"过得好吗""周末去哪玩了"……他们每个人的脸上都挂着善意的微笑，大家在用小小的寒暄来帮助我这个异乡人消除陌生感，我知道，这是关心我的一种朴素表达。大家可能会觉得，这样的方式很正常、很普遍，家里来了客人，不都是这样礼节性地接待吗？不，我想说，这不只是我们"大实小"（实验小学老师对自己学校的戏称）接待客人的表象，而且是来自内心的真诚的友爱。

去年冬天，我度过了这辈子最难忘的一个生日。鲜花、美酒、蛋糕，给了一个杭州人足够的体面；邀请、祝福、夸奖，展示了土家人如火的情谊。校长和几位校领导特地到宿舍看望我，与我拉家常；工会的易主席亲自为我题写了生日祝词，代表工会为我送上祝福；黄组长在办公室招呼大伙儿合影，还在朋友圈送上了温暖的文字；年级组也隔着屏幕问候。

如果这还仅仅是"实小人"的待客之道，那么在一年的工作中，我更是深深感受到了"大实小"对于外来文化的包容和接纳。

在这一年中，我隶属多个团队：校委会、六年级组、英语组、两个搭班团队……和大家的合作非常愉快，这种愉快不是说彼此完成了各自的分内事，而是合作达成或趋近共同的目标。在这个过程中，我会感受到自己在团队中被尊重、被重视，我的建议会有老师认真考虑采纳。比如在校委会中，易校长高瞻远瞩，着眼学校的未来长远方向，筹谋为学校立魂，当我推荐问对教育智库时，得到了易校长的热烈呼应，并且现在已经逐渐落地生根。易校长的支持给了我动力和信心，而校委会其他领导也给了我非常多的助力，比如"一米阳光"项目，向副校长、龙主任、向主任、李方老师、柳向雨老师、各位年级组长和班主任以及写报道的冉昕老师都为这个项目注入了智慧和心血。有一期是田老师班的孩子讲古诗，田老师光是指导学生在班里讲课就讲了10遍。正是大家对我的信任，才让"一米阳光"成功开讲了15次，且每一场都有精致的美篇及时跟进报道。包括后面的中天图书馆项目、北美外教英语课堂项目、杭恩两校五年级的书信交友、为贫困生联系义卖土豆，等等，也都受到了领导和同事们的大力支持。

日常的上课也是。我记得去年开学没多久，我在英语组开了一节研讨课，之后六年级好几位班主任邀请我去他们班上一堂课，还特地做了学生的思想工作来欢迎我。其实我知道，这不是因为我将英语课上得多出彩，而是老师们对我的鼓励、肯定和关爱。但你们知道吗，这样的鼓励和肯定真的很奏效，我觉得自己非常快地爱上了在"大实小"工作的状态。黄映霞老师很客气地跟我说，"你到这里真是孩子们的幸运"，这话真是说反了，这哪是孩子的幸运，分明是我的幸运，我在这里感受到的积极向上的支持力就是对我最好的鼓舞，还有什么是比有人愿意倾听你的诉说、分享你的喜悦、见证你的成功更幸福的事呢？

如果说这些还是正式一点的事情，那调课、换课这种最琐碎的事情就更多了。因为有时候我要配合县教育局师训中心送教下乡，有时候要根据杭州帮扶工作队的工作安排去外地出差，还有时候会回家，所以我经常会找搭班老师调课代课。虽然是小事，但次数多了，还是很麻烦的，明明他们自己已经安排好时间想做点事，结果我一换课，就把老师们的计划都打乱，所幸我们"大实小"是一个特别宽容的团队，每一位老师都没有二话，尤其陈老师、曾老师两位班主任，有时候甚至会主动问我，课换好没，有事的话，她来上好了，这让我非常感动。

实小人的关怀来自四面八方，但直抵内心的温暖还是来自工作上的支持互助。因为我知道，并不是所有学校都会敞开怀抱欢迎不同的教育理念，也不是所有领导和团队都会放低身段采纳不同的处事方式，我所感受的是来自百年老校的博大胸怀，也是接下来我们的校园文化核心语词——"伴你高飞"的标准姿势。

二、有一种教育，叫作润物无声

我听圈内、圈外很多人说，实小的孩子走出去，会有一种区别于其他学校学生的气质。在这方面，德育一线的几位领导经常带孩子外出演出、比赛，很有心得，比如我经常听到龙主任兴致勃勃地说："我们'大实小'的学生就是不一样，跟×××学校的学生在一起，高下立判，就是我们好。"说这话的时候，她会带上一种睥睨群雄的自豪感，而我在很多老师脸上都看到过这种自豪感。这是身为实小人的骄傲和荣光啊！一个学校能拥有一群这样的老师，是非常难得的，这不仅是老师们强烈的归属感，也是大家对学校强烈的爱。而这种爱，最终体现在日常与学生的相处上。

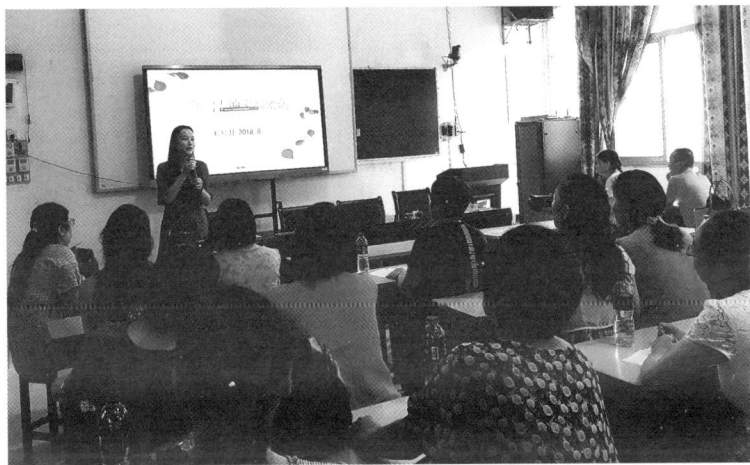

在鹤峰县实验小学做报告

我所在的六年级办公室里，经常看到老师们给学生课后补习、讲题，给他们做个别辅导。老师们这种对课堂负责、对教学尽心的精神自然也在无形中给学生树立了榜样。而这样的作风在学校各种大型活动中表现得更为明显。

还有上学期的毕业会演，排练了一次又一次，办公室、风雨操场、美食中心、操场……周末下着雨，年级组长黄老师还操心着演出的事，台下自己反复修改朗诵稿，台上排练则一个个指导、一句句教，直到对方满意，自己满意。六年级所有老师和孩子们同台演出，同时训练，孩子们有发挥不好的时候，老师们也有，甚至更多。发挥不好就多练习，不断地练习。

我经常想，参加演出和训练的学生是幸运的，这样的经历不是一堂课，却胜似一堂课。老师们精益求精的工作作风一定会融入学生的学习经历中，让他们懂得如何把学习做到极致。以上所说只是我看到的一个场景，我想这也是整个实小师生的一个缩影。什么是润物细无声？那一定是身教重于言教。

三、有一种精神，叫作积极进取

实小人是有拼搏精神的。那是一种不达目的誓不罢休的势头。上学期的气排球比赛我没有去，但是我听说过程很精彩。5∶13，在气势被明显打压的情况下，我们女老师团队咬牙坚持，最终奇迹般地扳回一局，以21∶18胜出。听到这结果的那一刻，我都被惊到了。我们实小人就是有这样的气势，让不可能成为可能。

又比如对课堂的执着。其他学科我了解不多，但英语学科我是经历其中的。田远铃老师为了上一堂课，会试教N遍，而且每一次都会重新修改，精益求精。令我印象很深的是有一次她要送教下乡，为了上好这节课，我们一起备课、做课件弄到晚上八九点钟，出校门时天已经全黑了。当然后来她请我吃了牛肉汤煲，安慰了我咕咕叫的肚皮。我以为这就完了，结果到晚上10点，田老师又跟我打了一小时电话，讨论课件制作的细节。我真是被她的认真劲打动了。她家里有两个孩子啊，她是怎么挤出时间来准备这节课的呢！这样的老师，在实小真的很多。

又比如听课。在听课过程中，我最喜欢的是议课环节，因为这才是思想碰撞最精彩的时刻。一般来说，当活动的主持人请大家说一说听课感受时，会场会开始出现短暂的沉默和安静。不知道大家在这一刻是什么样的心理状态，是想主动分享，还是首先退缩？比如现在我请大家来发言，有谁愿意吗？

来到鹤峰以后，我参加的听课活动不算太多，但在这几次听课中，有一位老师给我留下了非常深刻的印象。她是科学学科的龚艳双老师。一次是在思源实验学校的活动中，一次是在实小的教研活动中，她都非常积极地与上课老师交流，而且所提的问题都是贴近课堂的真问题，而不是放之四海而皆准的场面话。她会向上课老师持续发问，这种不断追问让我感受到她对专业的积极投入和渴求。

当然，并不是所有老师都和龚老师一样乐于提问，还有些老师善于分析，善于分享。比如在一次数学议课活动中，周玲老师所做的发言不疾不徐、思路清晰，让我受益匪浅。我觉得她们两位老师是我们实小人的典型代表，她们身上闪烁的是整个实小积极进取的光芒。

四、有一种文化，叫做团队合力

在"大实小"，不，应该说在鹤峰，有个特点，那就是聚餐很频繁。这种生活方式是与杭州完全不同的。聚餐可以增进感情、促进交流，很多团队的归属感就是这样营造的。一年来，我发现我们实小有很强的凝聚力，这让我们在不断变化的时代中，拥有不可多得的战斗力。不过与此同时，我们也要善于反观自身，了解身边的形势，我们百年实小，将去往何方？在讲教育的同时，我们不妨把目光投向远方，看看其他行业的现状。

最近，中美关系遇冷，华为成为旋涡中心。12月，孟晚舟被扣。5月，任正非接受采访。8月9日，鸿蒙系统发布。一个强国与一个公司进行正面碰撞，在强硬打压之下，华为依然顽强挺立，这实在值得我们去认真梳理它的成长逻辑。

我上学期跟毕业班的全体学生讲过这件事情，我们一起讨论过，可以向华为学习点什么，我想今天也可以拿来跟大家分享一下我和孩子们讨论的结果，虽然事实了解得不一定全面，观点也不一定完全正确，但我个人认为我们的讨论结果具有一定价值。

一是高瞻远瞩，居安思危。从各方报道中我们不难发现，华为的危机意识特别强，华为对于人才的重视与培养达到了空前的战略高度。据报道，创业至今，华为从来不把利润放在第一位，而是秉持自己的创业原则，只做底层的基础性的研究。居安思危，使得华为在还是"云淡风轻的季节"，便"做出了极限生存的假设"，从而换来了此时的临危不乱和从容不迫。

底层的基础性的研究，这不也是我们基础教育正在做的事情吗？教育是一种慢的艺术，它和华为的"2012实验室"这个核心部门一样，赚不了热钱，也不能怕坐冷板凳，否则教育只会成为走马观花的形式主义，对于十年树木、百年树人的学校而言，这才是真正毁灭性的打击。

什么是我们百年实小的战略性目标？易校长带着"大实小"的团队，用几年的思考和长达一年的沟通、打磨，为学校找到了一个突破点：打造校园文化，做好顶层设计。易校长还请了专业的校园文化设计公司——问对教育来为学校提炼核心语词。

上学期，在和问对教育关于校园文化设计的座谈会上，我们校委班子、老师全程参与了调查讨论，大家不约而同都说到了诸如"雅致、美好、和谐、传统、底蕴"等词语，这说明我们对于学校的未来前景有着共同的期待。在这几个月时间里，问对教育对整个鹤峰的文化做了基因提取，我们校委领导则在线上和他们不断磋商，就一个词、一种颜色、一种花纹、一种材质做细节讨论，最终，双方对鹤峰县实验小学的校园文化达成一致意见：

办一所有梦想、有温度、有审美的学校。

培养爱探索、会包容、崇尚美的鹤峰学子。

鹤鸣九大，声闻于野，乐彼之园。师生在百年实小的怀抱中彼此成就、相伴高飞。

这是在为学校量体裁衣，更是在为学校立心立魂。今年暑假，学校进行了部分环境改造，让这些语词给出视觉性的呈现，我们拭目以待全景样貌。但此时此刻，我想我们还需要思考，除了学校外在的面貌，我们内在的硬核部分是什么？换句话说，学校怎样才能在日常工作中实现"伴你高飞"，让核心语词落地？我们通过什么途径来让学校显示得更有梦想、更有温度、更有审美？我们通过什么样的培养方式去激发孩子探索、包容、尚美的精神？在这样的过程中，我们的课堂可以有什么改变、师生关系可以有什么改变、学生习惯可以有什么改变？这不能靠易校长一个人思考，而是要依靠全体"实小人"的智慧众筹去实现。只有全体"实小人"对这种文化接纳了、内化了、沉淀了，我们才能自发地在每一个课堂中、在每一个活动中、在举手投足间显现出"大实小"的共同气质。

二是拥抱对手，合作共赢。一个人可以走得很快，一群人可以走得很远。根据新闻报道，在几十年的创业中，华为一直抱着合作共赢的态度，主张给对手留余地，因为"大家好才是真的好"。

在我们的工作中，我想，我们也可以这样来思考他人和我们的关系、他校和我校的关系。传统对教师的评价，最常见的一种说法是：燃烧自己，照亮别人。但其实古人早已说过"教学相长"，在帮助别人的同时，我们也可以学到新的技能，产生新的反思。我认为这就是实小文化"伴你高飞"的一种理解和体现。鹤峰实小是鹤峰知名度最高的小学，我们利用自身的优势去帮扶其他相对薄弱的学校，也可以与就近的思源学校交换优势，因为只有整个地区的教育生态好了、教育理念更新了，才能让我们自己的发展更加迅速。而在交流、送教等智慧输出的过程中，其实老师们会主动对自身的工作展开反思和加以改进。前面我提到的田远铃老师上的公开课就是这样，如果不是因为有送教下乡的任务，恐怕我们也不会有这么大的动力去执着磨课；还有周玲老师，上学期，她在全县数学教研活动中介绍了自己的"'明'师成长之路"，周老师"知来路，明去路"的做法非常值得我们学习，我想这也正是她对自己未来发展的思考。

独乐乐不如众乐乐。当彼此的关系由竞争转为合作，我们收获的不只是盟友，更是长久的彼此信任。

三是万物互联，胸怀大爱。如今"互联网+"已经将世界缩小成了地球村，5G的崛起更是让网络成了连通大洋彼岸的一座看不见的桥梁。万物互联缩小了时空，加速了信息交换，在纵横交错的利益网中，没有谁可以独善其身，迷失和诱惑已成为变化的常态，唯有格局与胸怀能看清未来的走向。

任正非一直表现出来的不是愤懑和抵触，而是无限感恩。这位睿智的老人以自己几十年的创业心得呼吁中国一定要重视基础教育，"让优秀的人去培养更优秀的人"。

作为一线基础教育工作者，任正非的这番话听起来非常振奋人心。我不知道什么时候能够真正实现任总的这个宏伟目标，但作为一个教育人，做好自己、不断学习是颠扑不破的真理，因为机会永远垂青有准备的人。

中国正在越来越好，中国的教育也一定会越来越好。在短时间里，我们多多少少会遇到一些挫折。说回到我们实小当下的局面吧，去年我刚到鹤峰时，思源实验学校才刚刚成立，我感觉到大家都有一点紧张，感觉我们实小作为鹤峰"老大"的地位受到了挑战，于是做什么事情都特别有干劲，像是随时备战的样子。其实这种良性竞争挺好的，劲往一处使，事情就能做得好嘛！比硬件，我们比不过思源，但我们可以比软件，比内涵。在这方面，我们实小有一支优秀的教师队伍，这已经是很大的优势了。下一步就是考虑如何让我们的课程"说话"，把我们的文化"唱响"。

以上是我自己的一点心得感受，跟大家分享，其实其中的很多想法，尤其是学校发展方面的，是非常不成熟的，但幸好实小文化鼓励大家探索、包容，不到位的地方请多多包涵。在"大实小"还有半年时间，我真心希望实小能一天比一天好，让我们一起，以一种幸福的姿态，相伴高飞！

第五章　我所思兮

　　在鹤峰的生活像一杯清水，简单、从容。每天工作、读书、写字，受这方水土的滋养。

　　在鹤峰的生活像一杯茶，有时浓烈，有时淡然，茶热茶凉、炽烈淡泊都是一种真实况味。

　　在鹤峰的生活像写书法，蘸墨不太满，纸面有留白，一横一竖、一撇一捺间多了心灵的舒放和自由的呼吸。

　　行走在这片土地上，看花开花落，云卷云舒，思绪也变得悠长悠长……

苏区小学的捐赠仪式

9月1日是双休日，但鹤峰县还是开学了，于是第一周的周四、五便成了调休日，学校放假。我正琢磨着第一个双休日怎样安排时，正好赶上上城区政协陈少华副主席一行来鹤峰出席五里苏区小学的捐赠仪式。于是周四一大早，我们三位新鹤峰人便与陈副主席一行见了面，陈副主席向我们表示了亲切慰问，随后，我与朱强便随同他们去了捐赠仪式现场。

自8月25日到鹤峰以来，这是我第一次出县城。鹤峰处于山区腹地，崇山峻岭，危关险隘，清代的顾彩在《容美纪游》中描述它"西连巴蜀，南通黔粤，皆在群山万壑之中。道路险侧，不可以舟车"。虽然现在道路条件改善了很多，但县城至今未通高速，出行终归还是不便。于是，当地人平时无事便不出城，因为一旦出城，最近的目的地也需开车一个多小时才能到达，若是要去州里（恩施），天气好时，需三小时，遇到坏天气，则需要四五小时。然而鹤峰"草昧险阻"的地理位置也并非没有一点好处，听当地人说，因重型武器无法进入，革命战争年代，这里成了游击队的绝佳避风港，贺龙部队便是从我们要去的"五里"发展起来的。

五里是鹤峰县下辖的一个乡，位于鹤峰县东南部，这也是离鹤峰县城最近的一个乡，坐车过去约一小时。沿途山势连绵起伏，沟壑纵横。车行至半道，眼前出现一座大桥，从车窗外的空旷山色隐约可猜到桥底是条大峡谷。当天细雨蒙蒙，两侧的高山在若隐若现的云雾间显出缭绕之姿，宛如仙境，让人不禁想到"仙山隔云海，霞岭玉带连"。

被美丽的风景所吸引，一行人停车下来观赏。黑亮的柏油和新刷的扶手告诉我们，这是一座新建的桥。桥架于两峰之间，正如我们所猜想的，桥底果然是条峡谷。因时值初秋，雨水不多，谷底水位很浅，布满卵石的河床一片一片裸露在外。两侧高山崖壁依稀可见有蜿蜒小路盘旋而上，再细看，山路间似乎还有汽车在行驶。杭州派驻到鹤峰的县委常委、副县长程志强随同我们一起，他告诉我们，这座桥叫南渡大桥，很早的时候，因为两峰之间河流湍急，无桥通行，很是"难渡"，当地人便叫它难渡桥。如今的桥名便是取了"难渡"的谐音。从"难渡"到"南渡"，简单直白，或许这也是鹤峰人的朴实无华吧。

顺着蜿蜒的山路，我们一行人抵达了五里。车子拐进一条小路后，"五里苏区小学"几个字便映入我们眼帘。五里乡因贺龙部队而成为红色革命根据地，这所学校的名字也带上了鲜明的时代特征。一下车，我们便发现鹤峰县教育局领导、五里乡党委书记、苏区小学校长等人在路边迎候我们。

校门口两列佩有绶带的少先队员穿着整齐，用略带方音的普通话向我们问候敬礼。这里的孩子明显比杭州的孩子黑一些，也腼腆一些。当我们微笑着向这些孩子点头回礼时，一个孩子的目光猝不及防撞上了我的注视,他微微红了脸,迅速将目光转向正前方,又将腰板挺了挺。

现在苏区小学有一至六年级12个教学班,477名学生。校园占地面积不大,正中几幢白色的教学楼在雨水的冲刷下显得格外干净,在群山的环绕下,透露着特有的憨厚与质朴。相比于教学楼的简单素朴,校舍正前方一圈新建成的塑胶跑道和PU球场尤为醒目,200米的红色跑道环绕着绿色的篮球场,给略显拘谨的校园平添了几分现代的动感和张力。这些体育设施是由上城区政协委员、企业家卢建军先生捐赠的。上半年,他与其他上城区政协委员共同走访了这座大山中的学校,在了解到这里的孩子热爱运动却又缺少体育器材时,当即慷慨解囊25万元援建。

虽然当天小雨淅沥,颇有凉意,但站在这条崭新的跑道上,我的心里很温暖,我甚至恍惚在想,是怎样的因缘让我站在了千里之外的这个地方,见证素昧平生的两方人士所连结的善举?都说前世的五百

在五里苏区小学偶遇老同事於斌,于是在捐赠的爱心跑道上合影

次回眸才换回今生的擦肩而过，那今日的善缘又是源自前世的多少次因呢？

当天，卢建军先生也在场，他穿着上城红会的红马甲，举止低调，一点都没有企业家的派头。我听到他不时地和旁边的人商议，如何引导孩子们利用好这些体育设施，如何让老师用科学健康的运动方式带着孩子锻炼。卢先生自己是做医药的，并不是教育界人士，但能为学校、为孩子设身处地想到更具体的层面，需要的是做慈善、做实事的情怀。

捐赠仪式在学校多功能厅进行。出席仪式的除了政协副主席陈少华外，还有鹤峰县副县长程志强、五里乡党委书记阳如海等人。陈副主席在讲话中说，教育是根本。这次的捐赠是鹤峰县与上城区帮扶结对援助的开端，今后还会有更多的爱心人士关注鹤峰、开展公益。同时，他希望今后两地能够利用直播课堂等现代教育技术探索援助帮扶新模式，助力鹤峰教育更快发展。仪式现场，除了体育设施的捐赠之外，上城区政协系统还为苏区小学的20位贫困孩子带来了每人1000元的助学金，上城区红十字会也为全校女生带来了120件冬衣。

整场仪式简短而隆重，现场还见到了结对助贫的孩子。听说这个10岁的女孩子身世凄惨：母亲远走，父亲外出，昨晚爷爷刚刚去世，现在只留下奶奶与她相依为命。在命运面前，个体总是渺小的，但无数个个体共同托举，力量便能倍增。希望命运能给予她坚强和韧性，公益能带给她善良和感恩。愿勤奋和踏实能助她走出生活的困境，拥抱明媚的未来。那样，今天的这一切便能真正体现出价值。

给予

　　快乐来自给予，很多人说过这话，但唯有身体力行，方能真正由心体会。

　　这几日，我见证了诸多爱心善举。上城区政协与五里苏区小学的结对活动，仪式虽简朴，感情却真挚，卢建军先生投资25万元为当地孩子带去了一条崭新的塑胶跑道，虽然看着简单，却实实在在缓解了当地孩子的困难；上城区政协和红十字会带去了助学金和冬衣，看得出也是孩子所需。与我同住一楼的五位来自临安的医生，平日虽嘻哈，工作却不含糊，他们组队下乡义诊、为医院自制手术装置，还联系院方共同资助了一位贫困女生，他们仅在鹤峰工作一个多月，便为当地医院做了很多事，着实令人敬佩。今天一早，易爱民校长又发出倡议，号召参与腾讯公益的"爱心午餐"项目，实验小学的老师纷纷响应。上午，武汉协和医院过来支援的张陈医生和临安过来支援的高亚洲医生又主动与我联系，希望为当地学校的老师和学生开设医学、生物学普及课程，等等。许是被如此之多的爱心所激荡，我开始重新思考我到鹤峰来的责任和使命。

　　原来的想法比较简单，在实小挂职，便在实小做些事情吧：带好教学班，帮学校参谋管理，规划课程，开展交流，助力扶贫……设想基本止步于此。如今想来，或许我能做的还有很多，且时间紧迫。同是过完这一天，为什么不多做一点自己力所能及的事情呢？

在五位临安医生对孩子的捐赠仪式上，我了解到了受捐孩子的基本情况：小姑娘个子不高，长相清秀，今年高中毕业。父母身体都不太好，平时打点零工，属于低保户。纵使如此，父母还是节衣缩食支持孩子念书，下周，她就要到湖北恩施的一所大学报到了。在和小姑娘聊天时我了解到，她从小就喜欢体育运动，今后想成为一位体育老师，带着孩子们参加田径比赛，所以这次她也选择了体育教育专业，她希望毕业后能留在家乡教书，这样既可以回报故里，也能照顾家中双亲。在谈话中可以看得出小姑娘很懂事，对未来也有规划。说是捐赠仪式，但其实流程很简单，没有横幅，没有PPT背景，副县长程志强和院长骆渊海做了见证，他们肯定了小姑娘的职业规划，鼓励她认真读书，用行动为自己圆梦。这样的仪式透着山里人的实诚，亲切得有点像拉家常。

在走出会议室的时候，我的心情有点起伏。这不是我第一次来到捐赠现场，却是第一次以捐赠者的视角去看待仪式。同是支援鹤峰的杭州人，同住一栋楼，每天一起吃饭、一起聊天，一周相处下来，临安的五位医生便如我们的家人一样亲切。虽仅到鹤峰一个月，但他们已经用行动为我们这些后来者拉起了爱心大旗，上了生动一课。当天晚上，我和室友熊娟娟医生商量了一下，决定加入他们的队伍，为爱心接力，并且高医生他们非常欢迎我们的加入。多了这样一个非正式的团队，我的心里挺踏实的。

深夜，我收到小姑娘发来的短信："谢谢您的帮助哦"，忽然，我

住宿楼下，小姑娘与作者、上城援派鹤峰的朱强老师、熊娟娟医生一同合影

被这小小的一句话感动了一下。世间的美好皆在予人温暖。看，在传递温暖的同时，我也收到了小姑娘传递给我的温暖。这时想起一个故事，说天堂里的人都只能用一米长的勺子喝汤，勺子太长自己不便喝到，他们便互为对方送汤，最终人人得以饱腹，绽开笑颜。貌似为人，实则惠己，给予，是令内心满足的一件乐事。

赠人玫瑰，手有余香

——写在"六一"公益策划案之后

帮小杰家卖硒土豆的策划稿终于敲定了。

本以为挺简单的事，却前前后后策划了半个多月，第五次写倡议书时，我甚至边写边怀疑自己的工作能力。不过，在这半个月中，为此事和朋友、同事的反复讨论倒是让我对"做公益"的看法更为成熟一些了。

公益活动的目的自然是要让人获益，可以是经济上的，也可以是精神上的。获益人是谁？曾经我想当然地认为，应该是贫困、弱势的一方。然而当我带着施舍式的理解和居高凌下的优越感时，公益活动的目标走向便显示出狭隘和单一。去年帮小杰家联系卖椪柑献爱心的时候，我一心只想帮助这个家庭增加经济收入，所以虽说是售卖，其实更侧重于号召捐款，通过班主任动员，有意愿的孩子用零花钱去购买椪柑，每人再写一封鼓励信给小杰。没有方案、没有倡议书，只是和几位班主任简单沟通之后，就请她们通过小杰的一个自我介绍在班里、在年级里做了宣讲。班主任们的动员效果是非常好的，蔡爱朵老师还特意为此做了一个PPT，最终爱心款收到近2万元，孩子们的鼓励信也累积了厚厚一叠，可以说，完全达到了预期目标。

活动结束清点爱心款项时，我了解到孩子们大多捐款50~100元，甚至有捐200元的，孩子的捐款额超出了我的预计，也大大超过了椪柑的实际价格。我开始思考：这样的捐助形式是否会给孩子、给家长带来压力？毕竟孩子们是消费者，他们的捐款全部来自家长。或许孩子对金钱没有什么概念，但家长们懂，他们对这一捐助持什么看法？在孩子们深受老师感染，将零花钱捐献给千里之外一个素昧平生的家庭的同时，是否也该尊重另一些孩子保留想法，不参与捐款呢？毕竟强制自愿并非活动本意，但在策划之初，我给不参与捐款的孩子提供空间了吗？虽然有细心的班主任老师告诉孩子，可以只写爱心卡，不捐款，但看到身边的同学骄傲地把钱放在讲台上时，不参与的孩子是否会感到不自在呢？如果捐助的氛围更宽松，外在的力量再小一些，或者说，在策划之初为捐助者考虑得更多一些的话，公益行为是否会更纯粹，影响是否会更深远，距离真正的公益是不是会更近一点呢？

思想决定行动。我意识到公益活动完全可以有更多获益者。在帮助小杰的同时，把捐助过程的仪式体验做得更丰富、更显性，让衣食无忧的杭州孩子感受关爱、帮助他人的乐趣和价值，那么活动的意义就更大了。赠人玫瑰，手有余香，在公益意识越来越强的现代社会，帮助他人解决生活困难，也让自己精神成长，这本身就是大势所趋。不过，当活动目标从弱势者单方受益扩展到捐受者双方共赢时，组织过程也就需要做相应调整。

这次和学校联系为小杰家策划售卖土豆时，我便定下两个目标：一是帮助小杰家增加收入，二是为杭州的孩子搭建奉献爱心的平台。在总结了去年活动策划的经验并反思不足之后，我对活动承载的第二个目标想得更多了些。当然，在目标多元化的背后，前期策划的考虑因素会成倍增加，甚至有时候两个目标之间会产生矛盾，需要想办法去做一些平衡。

首先要考虑的是活动对象。这次捐助是依托班级活动、年级活动、学校活动，还是某个工作室活动来开展？范围越小越容易操作，但土豆售卖收入也少；范围大些，土豆售卖收入会多些，但不可控因素也更多。然后需要考虑价格因素，毕竟为小杰家提供的最终收益是关键。土豆价格怎么定？若完全按市场价出售，则几乎没有盈利，毕竟物流费就要1.2元/斤。高于市场价又该高多少？ 10元/斤是否合适？考虑到购买对象都是未成年人，定价肯定不可过高。或者完全放开，由孩子们自己来定？其次，包装规格多少合适？ 10斤装太重，孩子拿不动；2斤装太少，可能达不到预计销量；多种规格包装又太精细化，会让售卖操作过于繁复。还有朋友联系了网销平台，建议做成长期、持续性的活动，然而小杰家没法稳定发货，且产量有限，这一想法又被否定。此外，除了公益性质外，还有哪些因素可以为产品、为活动带来独特意义？预期购买人数和可提供的土豆数量匹配情况如何？万一出现供不应求或供过于求的情况，分别以什么措施来解决？公益活动需要依托杭州市胜利小学的班主任来操作，但"六一"期间，老师们手头也有很多自己的工作，除了提供倡议书和PPT之外，如何再简化流程，简便操作，在不影响学校秩序的同时，完成整场爱心义购？

目标设定后，一系列问题接踵而来，彼此关联，相互掣肘，着实让我们费了一番心神。可能是日有所思，夜有所梦，那几天入睡时惦记着土豆价格，早上睁开眼睛发现脑子里竟然还在核算成本，起床时，我都不自觉地笑自己。

三个臭皮匠，顶个诸葛亮。最终的活动方案综合了多方考量，虽然还有很多不完美的地方，但已尽可能兼顾了多方利益。在了解了农户的土豆收购价、比较了多家物流公司的运送成本、参考了淘宝的硒土豆价格以及小杰爸爸本人的意见后，最后我们决定以市场价格出售。同时该活动被列入胜利小学的"六一"活动方案，借助当天游园的契机在钱塘校区进行。届时会有1000斤土豆以4斤/袋集中放置在学校义购区，由家长委员以20元/袋帮忙出售。这250袋土豆可以满足学校约1/3学生的参与需求（当天，六年级不在校），供需关系相对合理，如果孩子们热情很高，我们完全接受第二批预订。从活动初衷来看，参与购买的孩子除了得到一袋沉甸甸的土豆，还有一次有意义的购买体验，或许还能延伸出饭桌上一场关于公益的对话；而其他孩子，在"六一"游园这种自由集散的状态下、在土豆定量供应的情况下，选择不参与、不购买便不会有任何心理负担；至于小杰家，则会获得至少2000元的利润。

这个活动得到了领导、同事和朋友们的大力支持。我提出了这件事后，学校领导和行政便做出肯定答复，并积极想办法扩大活动影响力。在这一过程中，也得到了一些老师的帮助支持。我由衷地感到听取多方意见的重要性和必要性，它能为我们提供不同角度，使我们更为客观地看待问题，也能及时弥补常识不足的漏洞。比如在和鹤峰当地老师的谈话中，我了解到了恩施硒土豆的品种、特点和烹制方法，也知道了原来硒土豆成熟有不同时间，山腰间的土豆因为气温较高，成熟早一些，相对产量少一些；端午过后，高山土豆逐渐成熟，产量会高一些。又比如小杰班主任陈红老师多次陪我走访小杰家，全程为我做翻译，让我在小杰家的日常开销、土豆的包装、寄送细节上沟通顺畅。曾在自己班里组织过多次公益活动的孙平老师也给了我很多切实的建议，是她建议给土豆定市场价，让捐助者量力而行，也是她对倡议书提出了修改意见，比如提议将小杰爸爸治病的花销写进倡议书中，让购买土豆的行为与小杰得到的帮助直接关联，使捐助者的目标更清晰、行动更明确。老朋友许惠则提醒我注意活动中买卖双方的供需关系，建议结合小杰家土豆成熟的不同时间，分两个批次开展购买，如果第一批结合"六一"活动，那么第二批可以结合休业仪式或者毕业课程。这边，小杰爸爸发来短信告知硒土豆已经装箱寄出，说30号能到学校，以便31号的活动如期进行；那边，胜利小学的好搭档杨洁马上答复说，后勤处已经安排了1000斤土豆的囤货区，几位班主任则发短信告诉我目前了解到的班级参与人数。还有其他学校的朋友联系我，表示如果需要爱心支持，随时打招呼帮我动员售卖。这一切都令我备受鼓舞。

这件事令我想到以前一件类似的新闻，有的超市把临保食品处理销毁掉，结果招致广大网友的非议和控诉，觉得太可惜、太浪费了，应该把这些食物送给穷人和流浪者。但现在我对这类事件有了新的理解。要成事，需要的绝不仅是一腔热情。如果这些食物真的要"送"给穷人，那绝对是一个耗费巨大人力、财力、物力的技术性问题，不仅流程繁杂，食品质量和安全更是需要把关，这需要专业的

小杰收到杭州市胜利小学小伙伴的来信，非常开心

团队去解决。

　　做公益，我是个完完全全的圈外人。我真诚地在此谢过每一位伸出援手、促成此事的朋友，感谢大家对我这个公益小白的包容和理解。赠人玫瑰，手有余香。愿玫瑰的香萦绕在我们心底，在带给更多人美好和希望的同时，能吸引更多专业的人参与到公益之事中来。公益之举，绝不只靠一颗善心。

学习扶贫：知，且行

晚上9点半，我从宣恩县回到鹤峰。

路上得知宿舍楼又停水了，这次是因为东街施工时挖掘机掉落压坏了自来水管。建始的战友安慰我说，他那儿常备水桶，也经常断水断电。近三个小时的车程，上楼时头还有点晕乎乎的。匆忙到住院部洗漱停当，方才坐下来，记录这趟出差的感受。

今天是2018年脱贫攻坚成效省际交叉考核小组正式检查的日子。为了迎检，恩施州各县市脱贫攻坚工作队已经花了好几个星期加班整理台账、梳理资金拨付、准备汇报材料。前天，检查小组正式确定入驻宣恩县。考核组的各项工作紧锣密鼓，虽是周末，但全员却毫不懈怠。抵达次日便召开州县市的汇报会、座谈会，之后便是查看台账、下乡进村、走访项目。为了让考核组更全面地了解恩施州和杭州市的扶贫协作开展情况，全州八个县市的挂职常委、专技人才代表和企业家代表都需要参加考核组的座谈会。我有幸作为专技人员代表参加了这次座谈。

座谈会由佛山市政协副主席朱华仙主持，她是考核组的核心人员，据说她开展东西部扶贫工作已有十年之久，经验丰富，切口精准。会议上，首先由工作队领队吴槐庆副州长全面介绍今年恩施州和杭州市的结对扶贫情况，然后各县市工作队负责人、专技人才和企业家汇报相关工作，考核组随时提问。因为时间关系，没有轮到我发言，但整个会场严谨务实的氛围、各县市脚踏实地的作风给我留下了深刻印象。虽然我是东西部扶贫协作工作队的一分子，但实际上我对国家扶贫工作的整体部署知之甚少，这次座谈让我大开眼界，并让我对自己所参与的工作有了一个更加整体而全面的认识。

这是一次跨界学习，虽然聆听的内容和自己的教学没有直接关系，但关于教育扶贫，倒是让我感悟到两点今后开展工作的思路：

一是在工作中，必须尊重当地原有的生态文化，努力理解当地的工作模式和工作节奏，用当地人的方式去思考问题，而不是急于求成。

刚到鹤峰时，我们挂职的几个同伴会自然而然地拿杭州与当地做比较，会发现这里在学校管理、校园文化、教学研究、学习评价等方面都与杭州有一定差距，师资结构、课程设置也不够理想。然而，问题既不是一朝一夕形成，解决也不可能一蹴而就。想通了这一点，我们唯一能做的就是从自己的课堂开始改变。在课内，我按照学情重新调整目标、教学策略；在课外，我给家长一月一信，指导树立正确的学习观；在校内，我自发地和英语教研组老师共同研课磨课；校际间，我与朱强老师一起多次促成与思源学校的学术交流；在全县，我通过四次送教下乡，带去讲座、示范课和教学资源，尽一切力量把自己的思想转化为行动。这些行为带来的显性和隐性的成果是，我自己班里的学生学科成绩提高了，学习氛围更浓厚了。但真正令人振奋的是，这些行为获得了身边同事的认可，继而影响到他们的教

作者在鹤峰县实验小学第一次少代会现场

学行为。比如我在复习阶段用过的思维导图已经出现在其他班数学作业和语文作业清单上；字母书写软件也成为三年级英语组老师授课时的工具之一；每日作业量化记录表出现在同事的办公桌上；到中营、铁炉、邬阳等地送教下乡之后，全县小英骨干老师建立了微信群，随时随地分享资源，探讨教学问题……

我们能改变的唯有自己。我们做了，有人看到了，被打动了，有想法了，自然会慢慢跟上来。就像我初到鹤峰，凡事忐忑，组织上的照顾和关怀打消了我的很多疑虑，给了我很大鼓舞，也让我对挂职身份有了归属感。很多时候，由内而外的认同才能达到合作的最佳状态。

二是在工作中，要尽可能团结可以团结的力量。虽然只身从千里之外的杭州来到鹤峰，但谁都不是单打独斗，除了新的工作伙伴，我们的身边还有挂职的战友，我们的背后还有大杭州。

在实小新伙伴和挂职战友们的支持下，今年，"一米阳光"项目成功开启，中心医院的专家、工作队的小伙伴相继为学校师生讲课，填补了学校拓展性课程的空白。目前开设的6场活动，受益人群达920人次，熊娟娟医生还被聘为校外辅导员。实小的伙伴非常给力，每次活动后的校内报道都是当天推送，真正做到了"新鲜出炉"，并且联系了多家媒体，使得鹤峰电视台、鹤峰县网、帮扶工作队公众号等对"一米阳光"陆续报道，扩大了项目的影响力。

以上两点像是总结工作思路，虽然有些程式化，却确是来自亲身体验。王阳明说，知而不行，是不知也。学来的真理永远是别人的，探索过、实践过的才是自己的。且以此为周末两天的学习心得吧。

此心安处是吾乡

——恩施州工作队工作例会上的发言

2019年7月5日，杭州市帮扶恩施州工作队临时党支部组织生活会暨工作例会在恩施州紫荆国际酒店召开，像这样的党支部生活会，我们所有恩施州帮扶工作队的干部和专技人才是每月召开一次，大家携着同样的使命，从不同县市聚到一起，虽然彼此说不上亲密，但每次见到大家都感觉很亲热。因为今天是帮扶工作队到达恩施满一周年，所以这个会议上除了听取工作报告，还为各县专技人员留了5分钟讲话。

熊医生提议让我去代表鹤峰专技人员发言，朱老师马上开始帮我想点子，罗主任又帮我敲定了发言方向，于是我根据大家的建议，在会议上做了下面的发言，在此感谢小家园伙伴们的信任和鼓励。

——小记

各位领导、各位战友们：

大家下午好！很荣幸能代表鹤峰帮扶团队来发言。

来的路上，我一直在记挂一件事，那就是下星期，我在鹤峰带的第一届学生就要毕业了。虽然他们不是我带出的第一届，但却是最为特殊的一届。昨天课上，我和他们讲了一番话，我说："你们马上要上初中了，恐怕我们经此一别，相见无期。"然后我们回忆了相处的点点滴滴，最后我送了他们三句话：保持好奇，热爱学习；不舍梦想，不负青春；永葆初心，真诚待人。孩子们听着听着就哭了，我也有点动情，但我心里知道，这番讲话与其说是留给他们的，不如说是给我自己的，这可以说是我对自己一年支教工作的自我勉励。在此，我就用"三个一"来讲讲我这一年来的感受吧。

首先，这一年给了我一份别样的人生经历。除了在支教学校驻点，在这一年里，我跟着县研训中心跑遍了鹤峰所有乡镇民族中心学校，去了最偏远的小学和算不上学校的教学点。我看到了中国农村最基层学校的真实现状，才知道衣衫褴褛、满脸高原红的留守儿童不只是存在，而且是大面积存在，我看到了城乡在教育理念上的差距还是很大的。所以今年我帮助支教学校开展校园文化顶层设计、为学校课程制定三年发展规划、联系浙江企业来支教学校援建图书馆。一个人只有走出去，有比较，才有可能对自己所在的环境有更深刻的理解。我想，明年回到杭州，这份经历定会为我的教育工作提供不同的视角。

其次，这一年给了我一个梦想的实践平台。我在读大学时加入了中国志愿者组织，支教，其实也是我心底长久以来的梦想。这次组织派遣我到鹤峰，可算是圆了我年轻时的一个梦。如果有机会，我愿意到更偏远、更艰苦的地方去经历一次教学实践。刚才吴州长提到说，我们能在这样的历史潮流中成为东西部扶贫战线上的螺丝钉，是幸运的、难得的。我对这个深有体会。所以这一年，因为有工作队的支持和战友们的倾力帮助，"一米阳光"公益课堂成功举办了

15次，受益人群达2000多人次。说实话，其中我自己讲课只有一次，都是熊娟娟医生、朱强老师以及程县长支持我，来给我站台讲课的，下学期，罗主任也已经约好要给小朋友们讲垃圾分类。因为有了这个平台，我才能比较方便地联系杭州、绍兴的学校，开展爱心义购。三次爱心义卖顺利进行，实在不是我促成，而是平台造就的。

最后，这一年给了我一段浓浓的家人情谊。与其说在支教中付出了什么，不如说我们收获了什么。这不是我一个人的认识，而是我们鹤峰小分队五个人平时经常发出的感慨。在程县长的带领下，罗主任、朱强、熊娟娟和我一直以小家园的方式在工作、在生活、在相处，大家都觉得这种氛围很好、很温馨。两位领导在我们的衣食住行上经常嘘寒问暖，周末经常组织活动，还给大家过生日会，罗主任一有空就约大家聚餐，还亲自下厨给我们烧饭吃。在工作上，两

杭恩帮扶团队领导吴槐庆同志和鹤峰小家园的伙伴们

位领导也及时提点我们，帮助指导，比如刚刚说的为"一米阳光"站台，还有罗主任帮忙牵线，把北美外教课堂带进学校，以及开展和上城区街道的图书捐赠活动，当然更值得一提的是我支教学校新跑道的建设。正是因为两位领导给了我巨大的支持，下半年，我们学校的小朋友们才能在新跑道上锻炼身体！人吃五谷，又身在异乡，难免会有情绪低落的时候，这时小家园的同伴们就会互相鼓励，互相打气，帮助彼此度过情绪低谷期，重新投入积极的生活和工作中去。

鹤峰，因有鹤来峰而得名，有时候我在想，或许这也是大家伙儿远隔千山来鹤峰相聚的寓意吧，鹤峰小分队的几位同志若仍在杭州，或许只能擦肩而过，不会相识相知，我们原该在各自的既定轨道中行走，讲述他人的故事。如今大家居然能在这里长谈人生，分享心事，经历彼此的人生，这不是很神奇的际遇和缘分吗？这样一段缘分，不该被好好珍惜吗？苏轼有诗："试问岭南应不好？却道，此心安处是吾乡。"岭南是当年的发配流放之地，条件艰苦，苏轼问候被贬谪的朋友，结果朋友的小妾却答"此心安处是吾乡"，这让苏轼深有感触。现在我们当然不是被贬，但相对来说，工作和生活条件确实没有杭州好，然而，只要心安，哪里都是故乡，我觉得这句话也是我和熊医生、朱校长在鹤峰工作、生活时内心的真实写照，因为我们发现，此行抵达的终点远比原先预料得更远，这段经历已经远比我们想象得更丰富、更圆满。最后，感谢领导和组织，感谢小家园的伙伴们，感谢鹤峰！

溇水河边杂思

借杭、恩推进"四个同步"项目的东风，这两日，上城区大团队来鹤峰了。

这次，上城区教育局王莺副局长带队来送教联谊。这是一年来阵容最大的团队，胜利小学、天地实验学校、天长小学等一大批"娘家人"送课送讲座、座谈慰问，郭荣强校长、陈松法老师代表学校看望我，天地实验小学的周红副校长代表学校看望了朱强。同时，信息中心沈永翔院长实地对接了杭、恩"同步课堂"的相关工作，我一同协助开展了胜利小学和鹤峰县实验小学的同步课堂。看着一张张熟悉而亲切的面庞，我的心情有些激动。

我和"娘家人"一行告别，已是晚上7点半。我穿过鹤峰县城唯一的红绿灯，向容美街方向走去。在这里生活了一年半，我已经非常熟悉从后坝到中坝，再到步行街的这条路。从这里沿街而行，街灯会越来越亮，人声会越来越杂，两边的店铺会越来越多，吆喝声、喇叭声此起彼伏，油烟夹杂着辣椒、烤串、砂锅的各种味儿一个劲往你鼻子里钻。这时你会意识到，鹤峰县城最热闹的地方就在眼前了。再走几分钟，你应该能站在九峰大道的十字路口，欣赏到金碧辉煌的连升桥，这里的车流日夜往来不息，或者你也可以直接右拐，去到当地最好的宾馆、最大的超市和唯一的电影院。

而今天,我既不向左,也不向右,前方的溇水桥才适合安放我当下的心情。

初冬,夜色凉如水。晚风吹皱河面,泛起粼粼波光,我靠在溇水桥的桥栏上,欣赏着水面上河堤的倒影。平心而论,溇水河的夜景是非常美的,两色灯带宛如两道长虹蜿蜒曲折,勾勒出河堤的窈窕身姿,横跨河流的连升桥、围子大桥、凤桥、麂子大桥灯火辉煌,依次排布,再映上潺潺流水、黛色远山,怎么看都是一幅艺术画。去年6月底第一次站在这座桥头,我就曾惊叹于它的美艳。一年半时间里,我无数次从这座桥上匆匆经过,也无数次地驻足凝望过它,我的照片中有它,我的文字中有它,我也向来鹤峰的杭州人介绍过它。溇水河是当地的母亲河,从鹤峰县下坪镇依山势而下,向东南汇流归入湖南澧水。我没有考证过溇水河的历史,只知《水经注·澧水》中曾有记载:"(娄) 水源出巴东界, ……注于澧水。"《水经注》成书于北魏晚期,可见溇水河在此前便已存在,它在默默流淌间,想必早已领略过千年间山川的奇美和风云的激荡,见证过王朝的兴替和岁月的变迁。若要用一个意象来代表鹤峰,我想恐怕没有比溇水河更恰当的了。

7点多,正是当地夜晚最热闹的时候,溇水河堤上蓝、白两色的灯带已经亮起,在河面上投下一长条温柔的倒影,在初冬的晚上闪烁着真实与虚幻。行人在我身后往来穿梭,一声声方言近来又远去。人生便是这样的一场场聚散,一次次别离吧,就像这条河流与水草、与溪石的不断相遇和挥别,他们之于彼此终是过客,而非归人。缘来缘散，缘生缘灭，盛筵狂欢，总有散场，陪伴一程，终有尽头，从某种意义上说，除了自己，没有谁可以成为谁的归人。离别如此，解愁亦然。李易安拟泛舟双溪，却"又恐双溪舴艋舟，载不动许多愁"，定也知这愁终只能由自己化解吧？

夜景当前，神思开始恍惚。几小时前，王莺副局长在座谈会上勉励我们支教老师，言犹在耳，郭校与陈松法老师捎来胜利小学的慰问，感怀在心。娘家人短短二十小时的停留给我带来满满的精神安慰。浮云游子意，落日故人情。送教、交流、探望、问候、感谢、鼓励、合影、道别……大巴车开动的一刹那，我的眼眶濡湿，无限感慨涌上心头。是留恋娘家人的温情，还是看到了两个月后的自己？支教归期已近，当地的同事开始陆续约散伙饭，许久未曾谋面的亲朋好友已经短信邀约明年相聚，而每次走进实验小学的校门，看到303班、304班孩子们天真灿烂的笑脸，我的耳边也会隐约响起离别的钟声。

或许每一次聚散都会引发新的期待和怀念。一年半时间在外，说不想家，那是假的。老公长年出差在外，儿子的事只能全部交托妈妈和婆婆。所幸两个妈妈身体硬朗，也甘心付出，只是老人家怕我记挂，多数时候报喜不报忧。而像儿子腕骨骨折、牙齿矫正、节日惊喜、家校交流、情绪安慰等每一个母亲应在但缺席的时刻，更让我产生了深深的自责和内疚。

溇水河缓缓流淌，经年不息。凭栏眺望，浅浅惆怅渐生。能在千里之外度过一段这样的时光，于我意味着什么？若将这段时光放到我人生的大时空中观照，它会是怎样的样貌？500多个日日夜夜里，我行走在溇水河两岸的大街小巷，我留下了什么，又收获了什么？我不止一次问过自己这些问题，也不止一次问过我眼前的这条溇水河。它会低眉颔首细听路人的诉说吗？若会，该遇见过无数个芸芸众生吧？那淙淙的流淌声可是它的安抚，它的应和？

王莺副局长在慰问会上说，支教经历对于老师是一种"教育精神的培育"。什么是教育精神？或许每个人对它的理解都不尽相同。在我看来，教育精神是一种理想主义，是一种看清不完美的教育现实之后依然心存美好的执着，是一种知世故而不世故、怀抱单纯与好奇心的热爱，是一种经历挫折却依然勇于付诸行动的信念。中国地域之广袤，教育问题之繁复，变革发展之迅猛，意味着教育人探索的脚步将永不停歇。但唯变不变的时代中信息纷扰，冲击常在，是否不自觉地受限于某种观念，迷信于某个权威，困囿于某种"真相"，实在需要我们时时自省、处处警惕。待到觉知初心时，行止或已有偏差。就像初到鹤峰时，我曾就身边很多的现象产生过困惑与不解，执意求变而不得的时候，会无力于"我本将心向明月，奈何明月照沟渠"，怀疑一腔热忱的意义所在。所幸事后我很快认识到了自己思想上的狭隘和局限，觉察到自己身上不经意间表现出的"来自杭州"的优越，及时调整了心态。既然我的到来就是为鹤峰做点力所能及的事，那就在自己的可控圈内尽己所能，结果虽无法决定，但内心却能安定。建议A没有被采纳，就换种方式提，实在不行，就换个建议B和C，总有一次碰撞会产生共鸣，总有一种观念能获得认可。饭要一口一口吃，成事需一步一步来，放平心态，秉持初心，循序渐进，不去强求，或许改变会在不经意间到来。

我想到上午的送教联谊活动刚刚结束，就有贾老师、龙老师来询问陈松法老师的联系方式，希望尝试开展班级阅读实践。在和陈松法老师沟通之后，我为两位老师提供了一些建议，两位老师很受启发，并表示愿意跟学校要求去组建研究团队，做一个学校层面的阅读推进工作。

这让我感慨许久。

帮助当地学校开展阅读课程的想法由来已久，却始终没有实质进展。早在上半年，我就曾多次向学校提及这项工作可以随图书馆的装修同步推进，比如暑假时先在老师层面尝试，把阅读作为教师培训的一部分。我提交了"晨夕伴读课程"方案设想，希望学校成立核心团队共同研发。可之后这件事如一颗石子掉进了池塘，除了在当时漾开过一两道波纹，便再无后续。为什么美好的设想无法落

上城区教育局来鹤开展教学交流。作者与上城区教育局副局长王莺、杭州市胜利小学校长郭荣强、鹤峰县实验小学校长易爱民合影

地？我曾困惑，曾不解，曾着急，曾旁敲侧击，然后逐渐兴味索然。现在回想，是我当时的预期过高、过急了，或许当地对"课程"的概念还很模糊，或许当时有比这项工作更重要的事情，急于推进，是自己存在认知的局限。今天，老师们看到了阅读课程的鲜活案例，思路得以开阔，智慧擦出火花，若是再得到一些顶层支持，全员阅读的氛围未必不能营造。顺天之木，以致其性，目光朝向明亮那方，脚步笃行寸进之事，毕竟美好的结果需要美好的过程来孕育。这是一种教育态度，一种教育精神，也是一种自我鞭策。那时回望，或许曾经的困顿、不解、焦急都会如这弯水流蜿蜒远去。

　　一年半的支教经历拓宽了我的视野认知。其一体现为对扶贫全局的认知。东西部扶贫协作和对口支援是推动区域协调发展、协同发展、共同发展的重大战略，是实现先富帮后富、最终实现共同富裕目标的重大举措。杭州对口帮扶的省外地区除了恩施，还有新疆、贵州、青海等，上级组织派出教师、医生奔赴各地，既为当地做一些技术上的指导，更在理念上帮他们打开思路、革新观念，像我们这样的专技人员都是大格局中的小小一环。不觉间，一个普通的支教老师居然成为国家发展大战略、大部署中的一部分，有时会觉得恍惚，同时又觉荣幸。扶贫是一项系统工程，一年来，我虽未见其全貌，却得窥一斑，新的历练让我得以在更大的图景中重新对照自己的位置，找寻自己的坐标，以鹤峰人的立场去思考学校发展、参与出谋划策。同时，我也亲眼看到了一线扶贫干部的真实工作状态，在这里，走村访户是必须，加班加点是常事，我身边的两位领导甚至在国庆假期都坚守岗位没有回家，他们扎实、敬业、严谨的工作作风给我留下了深刻印象。

其二体现为对农村教育现状的认知。去年，我曾跟随县师训中心奔赴各乡镇送教。那些学校的校舍大多新修不久，很多都配备着崭新的录播教室、班班通触屏电脑，甚至有足球场。外部条件与时俱进的同时，师生的精神气质却参差不齐。乡镇中心学校的师资相对好些，孩子与我们打招呼时也不会露怯，而边缘些的学校里，老师的来源就无法保证，光凭面貌常常无法将他们与"老师"这个称谓联系在一起，很多学生属于留守和半留守儿童，因为没有成人引导，举止言行相对"野"些。一位中学校长曾经告诉我，和他们结对的杭州学校曾提议发动全校捐助旧衣物，但事实上这几年借东西部扶贫协作的东风，国家大量资金注入山区，鹤峰县经济面貌有了巨大改变，孩子的温饱得到解决，当年的"免费午餐"已变成如今的"营养改善计划"，很多乡村学校的校舍和硬件甚至比杭州的学校还要先进。在这里，虽然贫富差异依然存在，但物资匮乏的年代已经远去，山区已非我们想象中的苦寒之地，我们也不能再用十年前的眼光看待山区的教育，更新认知，迫在眉睫。

在重新认识山区教育的过程中，我对国家精准扶贫所提出的"志""智"双扶有了直接感受。去年9月的娄水河边，易校长曾满腔热忱畅谈学校发展建设的愿景，立场革故鼎新，提炼学校发展之"魂"。易校长在实验小学已很多年，对学校充满感情。受他感召，我提议学校借鉴杭州经验，提炼校园文化，做好三年规划。一年后的今天，校园文化核心理念"伴你高飞"四个字已经高悬于行政楼的正中央，胸牌、班牌等环境识别系统也已开始使用，不过课程内核还未完全建立，老师们还需要从意识层面做一些系统培训，让"六一"、建队七十周年等大型活动、各级各类教研活动都成为学校文化浸润的载体，让"伴你高飞"这些核心语词成为外显的校园文化。我知道，这并非行为层面的问题，而是思想意识上尚有局限。

这几年间，山区的教育生态、教育困境已发生根本性变化。如何将帮扶从物质层面转向精神层面，形成可持续发展的样态，不仅是教育一个部门需要思考的，更是需要全社会合力思考的。教育援助既需革陈除旧的魄力，也需整个社会体系的支持。经历带动进步，要见树木，也要见森林。在我来鹤峰之前，脑中从未产生过这些想法，而来鹤峰之后，它们却常常浮现。我认为这样的思考不仅对我的支教工作有实际价值，对我回杭之后重新看待自己的工作也有非凡意义。

悠悠溇水河，兴衰千古事。对鹤峰而言，我只是个匆匆过客，但于我而言，这500个日夜却是难以忘怀的一种经历、一次成长、一段缘分。在苞谷酒和摆手舞中感受土家人的豪爽，在"盐重好色"的一顿顿饭菜中适应当地饮食文化，在停水停电的夜晚回味童年样貌，在烤火炉边的茶叙中结交朋友，在土司爵府的遗址中遥想当年，在满天星斗下畅谈人生……在这里，我学会了与寝室里的各类昆虫和谐相处，它们已从可怖变成可爱；我习惯了在孤灯沉夜里与书籍文字相伴，试着为每一天的生活码字；我尝试了炖肉、煎鱼、炒菜，改善伙食之余得意于厨艺略有小成；我隔着屏幕在千里之外安慰家人、安抚孩子，略微缓解心中愧疚……酸辣咸甜没有苦，柴米油盐还有茶。独处与独立，融入与融洽，思考与思念，期盼与期约，鹤峰，带给我的是一次次历练、一次次突破、一次次蜕变。

人事有代谢，往来成古今。若干年后再回望，这里错落的街巷民宅或许会不同，那些熟悉的面孔声音或许会变样，但溇水河边一个个思绪翻飞的夜晚依然会是我心头动人的回忆。如水的日子波澜不惊，时间的脚步匆匆不停，站在桥头遥寄此景，听潺潺流水与我回应，方知不负韶华不负初心，不在于拥抱后的繁花相送，而在于夜深时的但求心安。

有光，就有远方

支教一年半，见证扶贫情。

在鹤峰，我见到了国家财政投入切实改变着山区百姓的生活环境，目睹了扶贫干部、专技人才和有志识的企业家们在脱贫攻坚路上真实的工作日常，感受到了当地百姓对来自杭州的"家人们"的谢意和敬意，也体悟到了整个区域大图景变化带给当地人观念和视野上的冲击。

生命中这段短短的时光就像一道光，带给我难忘的回忆，照亮我前行的道路，我为自己曾是国家东西部扶贫协作大战略版图上的一分子而感到荣幸。作为老师，我所做的事情微不足道，但支教路上的点滴故事也是国家脱贫攻坚汪洋中的一滴水，也能折射出七彩的阳光。

——前言

一米阳光

鹤峰县位于武陵山区腹地，这里与湖南"湘西巢匪地"接壤，是苗族、土家族的聚居区。因为山林茂密，交通不便，元、明、清历史上，外乡人想进来，都只能"土人背负前行"，朝廷也因而无法派遣流官驻管，只能由当地土司自治。到了抗战时期，复杂的地形和连片的山峦愣是连敌人都没敢打进来。闭塞的交通一度保护过当地人不受外界侵扰，但在全球化时代，原生态的生活方式却逐渐显现颓势。

当地资讯更新慢，生活节奏缓。走进校园，会发现课程内容比较单一，教育观念相对陈旧，体艺学科在大多数师生家长心中可有可无，心理健康、安全自护、外教课堂……更是孩子们闻所未闻的。这种感觉和三十年前我读小学时有点相似。这里的孩子上课规规矩矩，发言战战兢兢，相比杭州的孩子，他们少了点自信和冒险的勇气。怎样让孩子更灵动、让课程更丰富，怎样让孩子们除了老师和课本，还能接触到更多的学习资源？我们这些来自杭州的"家人"还能为他们做些什么？

幸好脱贫攻坚从来不是一个人的战斗。在杭州派驻鹤峰挂职的鹤峰县委常委、副县长程志强和扶贫办副主任罗亨斌的指导下，在鹤峰众多"挂友"们的支持下，"一米阳光"课堂应运而生。作为学校课程的补充内容，"一米阳光"并不是补课性质的托管课程，而是着眼于孩子身心健康、兴趣发展的拓展性课程。在这里，孩子们认识了来自杭州的伯伯、叔叔、阿姨、哥哥们，他们有的是医生，有的是老师，有的是机关领导。他们纷纷走进课堂，为孩子们带来一堂堂来自社会各行各业的"大课"，让一束束七彩阳光照进孩子们的心田。

什么内容才能唤醒孩子内心的渴望？怎么上课才能让孩子们爱听？为了备好孩子们的这一课，我与"挂友"们认真备课，一起讨论，反复修改讲稿和PPT，又与校方沟通，为孩子们营造仪式感，我们看到,鲜红的领巾挂起来了,嘹亮的队歌唱起来了,校外辅导员聘起来了,课堂游戏做起来了!

课程内容变了,上课老师变了,学习方式变了,孩子们的表现也慢慢发生变化了。在《我的成长不烦恼》青春期课堂上,六年级女生逐渐放下羞涩,大胆地用行动演示如何拒绝性骚扰;在《垃圾分类从我做起》课堂上,孩子们兴奋地和杭州来的罗亨斌叔叔合影,拍着胸脯保证今天回家去分拣垃圾;在程志强博士《基因和遗传》课堂上,孩子们争相比较自己像爸爸还是像妈妈;在《走近李白》课堂上,讲课人变成两个学生,老师退到幕后,将主动权交给孩子……

在孩子们感到好奇和新鲜的同时,我和"挂友"们在寻觅更多平台和机会。半年后,在罗主任的牵线搭桥下,"一米阳光"为孩子们争取到了与北美外教面对面上课的机会,和外国人侃侃而谈的梦

在鹤峰县实验小学"一米阳光"公益课堂上课

想，终于在一块屏幕前变成现实。课堂一开始，由我担任助教，慢慢地，在我的鼓励下，当地老师们也鼓起勇气，接过了助教的接力棒，成为"一米阳光"的守护人。

一年半里，"一米阳光"开课60多次，从实验小学到实验中学，从县城到乡镇，为至少3000个孩子打开了一扇通向外面的窗，至今依然延续。

我曾问过一个孩子：跟外国老师说话什么感觉？他说，一开始有些不敢，不过现在觉得会说英语特别酷，长大后他想到世界各地去看一看，"其实美国也不是那么远"！

经历是一笔财富，是一份底气，视野开阔了，见识增长了，互联互通便会在孩子幼小的心里扎根，世界的另一边在他们眼中也便不再遥远。杭州也好，鹤峰也罢，孩子本身没有区别，他们只是需要一点火苗、一点眼界，"一米阳光"所做的，是为他们提供另一个可能。

一个操场

我支教的学校是鹤峰县实验小学，这是一所有着172年历史的百年老校，当地人都以孩子能上这所学校为荣。只是，虽说是县城里最知名的小学，学校的校舍却处处流露出年久失修的衰败景况。在雨水的长年冲洗下，教学楼外墙的颜色灰暗下去，留下一道道水渍；教室是凹凸不平的水泥地，墙壁下半边的绿色早被刮掉了漆，只留下模糊不清的脚印和涂画的痕迹；走廊上几块水泥台面的角落明显已缺了一块；占学校"半壁江山"的塑胶跑道更是已经破损小半，露出里面黑色的土层……这所承载沧桑岁月的百年老校，为何如今却像是个多年不曾清沐的老人，蓬头垢面，步态蹒跚？

初到鹤峰，我便向校长提出了心头的疑问。校长叹了口气，告诉我，在县政府前几年的规划中，这所学校本是要整体搬迁到新造的思源实验学校里的，因此学校已四年未收到财政拨款。对学校的发展，校长有心无力，"你看我们的操场，土层都翻出来了，开个运动会也没条像样的跑道。每年学校搞篮球赛，娃娃们都只能在水泥地上跑一跑"。

的确，这里的孩子，不论男生女生，都爱打篮球，有时连课间十分钟都要去投个篮过把瘾，一到放学，更是会组队去玩。如果能有个正规的塑胶跑道和篮球场，孩子们一定会开心得不得了。

了解情况后，我跟扶贫工作队的两位领导反映了学校的情况，特别指出了操场亟待重修的问题。说实话，当时我并没抱太大希望，毕竟扶贫资金有限，领导们需要做全局考量。出乎我意料的是，程县长和罗主任非常关心此事，不仅多次实地查看、询问，还认真地跟我解释："按要求，扶贫资金只能往底下乡镇拨，县城学校是无法享受的，但实验小学的操场确实损坏过度，有必要重建，这个我们来想办法！"

三个月后，审批下来了，学校顺利拿到了30万元操场维修经费！这个结果让校长兴奋万分，也刷新了我对扶贫干部的认识：扶贫干部的确是雷厉风行做实事的！

2019年10月，新操场建成。

新操场是国庆假期结束时修好的。孩子们放完假一回校，便惊讶地看到了学校正中心的新面貌，他们一个个兴奋不已，特别想在上面跳一跳、跑一跑。但因为塑胶还需要时间加固，所以学校在操场周边围了一圈警戒线，禁止孩子们使用。孩子们只能努力压抑心头的喜悦，偷偷用脚踩一踩跑道的边沿，隔着鞋底感受它的弹性。

如果说这时候孩子们心底还是一种渴望，那么一星期后操场正式开放时，这种渴望就成了骄傲。我清晰地记得那是10月13日建队节，全校搞建队仪式。听说终于可以大大方方地站到操场上，孩子们激动得欢呼起来："可以去我们自己的操场了！"那一幕的美好令我难以忘怀。

罗亨斌主任的宿舍就在学校后边，透过他厨房的窗户，学校的全貌一览无余。每天下班后，他最喜欢站在窗前看孩子们在操场上雀跃，他说看着看着，心情都会好起来。

更值得高兴的是，这一年里，学校陆续得到了一些财政资金的支持，一部分是来自县政府的支持，一部分是来自企业资助。学校部分墙面粉刷了，厕所修缮了，图书馆建起来了，校园面貌在悄无声息地变化着。环境育人，润物无声，看得见的变化由外而内，看不见的变化在孩子们心里，那些轻盈和欢快是由内而外的。

一颗土豆

土豆是恩施特产，也是土家族主食，现在已经成为恩施对外输出的一张名片。这里很多家庭都会种土豆，我自己也买过很多寄给亲人朋友。

我班级里曾有个孩子叫小杰，他家也种土豆、椪柑。小杰家是贫困户，但小杰是个淳朴善良、吃苦耐劳的孩子。十年间，他爸爸先后确认巨大脂肪瘤、尿毒症，多次手术又多次复发，目前依靠透析机维持生命，全家收入基本来自低保和社会援助。我去过他家很多次，他们住在政府配给的公租房，往门口一站，60平方米的屋子全貌就尽收眼底了。听小杰爸爸说，全家每个月开支大概300元，夫妻两人低保有五六百元，去掉来回恩施医院的费用，是入不敷出的。

在实验小学也有其他贫困户，不过小杰一家的情况却更显艰难些。怎么能帮帮小杰呢？突然，一个念头像一道光闪过我的心头：虽然身在扶贫一线，但我有个强劲的大后方啊！我立刻打电话与杭州自己的学校联系，动员老师和孩子来购买他家的椪柑和土豆，并通过一系列活动的策划，也为杭州的孩子打开一扇窗，去看看同龄人的另一种生活状态。

设想是美好的，但过程难免出现波折。意想不到的情况接二连三：跟小杰爸爸沟通时，因为语言不通，会错意、遗漏信息时常发生；三千斤土豆寄到杭州，因为天气原因坏了一千斤，不得不临时调派老师晾干、分拣、包装；组织工作遇到磕绊，工作伙伴也不免情绪低落，我一边协调，一边也会沮丧，甚至自我怀疑：费力不讨好，图什么呢？也有朋友劝我，这种事做一次就够了。但临了，帮助小杰的爱心义购还是坚持做了三次，直到小杰毕业，累计筹到7万多元爱心款。

2019年7月，在杭州派驻恩施的工作队领队吴槐庆副州长和孙伟秘书长的支持下，小杰参加了"走出大山看大海"夏令营活动，来到了杭州。在启航仪式上，主持人问小杰今后的梦想是什么，他说他想当医生治爸爸的病，也帮助其他像爸爸一样的病人。那一刻，我看到小杰的眼睛里面全是光，里面是满满的希望。那一瞬间，我忽然觉得之前所做的一切都变得更有意义。

这三个小故事，一个唤醒改变，一个呈现美好，一个引向希望，它们分别指向三种力量：内驱力、支持力、牵引力。这是我心目中教育的理想样貌，也可以用来解读我眼中的教育扶贫。一个课堂可以带来改变孩子内心的驱动力，社会各方人士可以给出支持力，而所有这些力量最终是为孩子眼中那道希望的光，那份牵引他向上的力量。这三种力量是帮助一个人、一个团体、一个社会进步的动力系统，而改变、美好和希望不正是我们扶贫路上所追求的东西吗？

对我个人而言，在恩施一年半的支教让我深切地感受到了这三种力量。在送教下乡到鹤峰八个乡镇时，我们直面教学真问题，探

上城区教育局党委副书记曹婕一行来鹤峰慰问

讨课堂新样态，有几位老师至今还与我保持微信往来。他们愿意来听我的意见，对我何尝不是一种肯定和支持呢？程志强县长和罗亨斌主任给了我们鹤峰支教、支医人员很多工作上、生活上的指导和帮助，两位领导行政味很淡，人情味很浓，在工作上，他们是领导，在生活上，我们是家人，我们组成了"鹤峰小家园"，彼此关心，相互照顾。

我曾觉得，我们一生所遇到的人、所经历的事会融进我们的骨血，成为自己的一部分，但后来，这样的认识有了新的变化。支教结束前，已经上初一的小杰和他的爸妈冒雨来宿舍看我，他们都是老实人，不会说好听话，只是不断对我道谢。看着小杰妈妈满脸的感激，我突然意识到，其实我们所做的事也同样会成为他人生命的一部分，这其实是一份双向的感谢。无论扶贫，还是教育，这条路上，我们彼此滋养，彼此擦亮心中的光。我们相信，有光，就有远方。

第六章　印象鹤峰

煎茶坐看梨门雨。

蓦然回首间，离别的笙歌已经吹响。

一杯苞谷酒，一声多珍重，笑泪之间，道不尽岁月流年；那些遇到的人、走过的路、看过的景、喝过的茶，在流转的时光中，渐渐变为生命的一部分。

山一程，水一程，山水又相逢。500多个日夜，留在鹤峰的虽不是飞扬青春，却也是最好年华；带回杭州的纵不是刻骨情谊，却已是故园乡心。

时间的脚步，永不停留

到土司爵府遗址时，日正当午。

目测一千多平方米的梯田状土地上，仿佛摊开着一张坐东北、面西南的大画卷，当年的爵府建筑群就在这张画卷般的平原之上，按照地势用石块层层垒高。这样的平坦之地在位于武陵山区腹地的鹤峰县是绝无仅有的，它的东、西两侧为悬崖峭壁，北为屏山，南为与外界相通的唯一通道，四周呈封闭状态，整个区域日照充足，良田可垦，地势险要，攻守得便，站在爵府遗址制高点回望，整个鹤峰县城一览无余，让人油然而生"指点江山无限意"的感慨。只是如今，几百年前的王府建筑早已无可觅踪，猜疑、欺瞒、杀戮让这个曾经舞过桃花扇、修过武陵源的"国中国"逐渐风化在岁月的长河里，只留下荒草半掩的柱础和垒砌整齐的石块静静地诉说着当年的故事。

只是，这些建筑怎会消失得如此彻底？曾经的大堂、二堂、三堂等主体建筑怎会连建材都不见了痕迹？初见爵府遗址，土地平坦整齐得像新翻待耕的田地，让人颇觉蹊跷。照理几百年的岁月不算太长，纵然木头朽化，但石砌总还留存。譬如当年的圆明园，焚烧之后总还有残垣断壁可堪评述；譬如帕特农神庙，多次历劫总还有几根罗马柱见证古希腊文明。而爵府遗址，只几块似景非景、似图腾非图腾的大石头留在二堂和三堂的交汇之处，上面既无纹饰，也无文字，连石头形状也看不出个所以然。同行的有猜测像骆驼，又说像动物的爪，无法定论。

带我们上山的熊总是旅游公司的老总，专门开发屏山景区，土司爵府作为屏山景区的一部分，也在他的管辖范畴，他对土司这段历史有过一定走访考量和研究。他告诉我们，据说当年末代土王田旻如被清廷追檄时，其府内已发生内讧，田土王弃府逃进万全洞中前，嘱人将爵府全部破坏。为何要破坏？除了不愿把屋宅给他人使用外，想必最需销毁的是所有对他政治不利的东西吧？按常理推测，最简单有效的销毁办法就是将屋宅付之一炬。爵府地势较高，周遭险峻，若真如推测，那当年的这把火该是何等惨烈壮观！山下的人无法援救，只能坐视熊熊烈焰通彻天地，而这把火除了焚尽爵府，想必也焚尽了留守爵府几位大臣的戎马毕生。昔日追随的大王自缢，居住的爵府无存，国破家亡的大臣在弥留之际决定将尸骨埋入这片土地，与这段纷乱的流年一同长眠。如今在爵府遗址地势最低的一堂处竖立着几块墓碑，熊总告诉我们它们便是这几位留守大臣的，我们不知他们的姓名，但远远看去，碑牌上半部花饰精美，制作考究，倒确像一顶官帽。

土木可燃，柱石却是不能烧尽的。而如今的遗址只有人工整齐堆砌的石块尚能说明当年的爵府辉煌，那些建筑所用的石柱、门洞却全然不见。原来，除了末代土王的破坏，近代对遗址的保护不力也是一大因素。譬如我们来的这条路是可随意进出的，没有人管束。想来如果要从遗址上拿走一块石碑，也不会有什么人干涉。而事实上，爵府修建的原材料确实被周边百姓拾去大半，如今，很多文物被随意丢弃在民宅之中。进遗址路口的民房是屏山村二组19号，院当口两根纹饰精美的石柱赫然在目，上面雕刻着特有的虎豹图腾。熊总告诉我们，这就是爵府遗留的东西。他又走到院落周边几块横倒的石柱边，蹲下身子轻轻抚去上面的灰尘说："看，这也是，上面还有花纹。"顺着他的手指，几根线条依稀可辨。

可能是我们交谈的声音惊扰了屋内的老人家，他佝偻着身子走到门口，打量着我们这几个陌生人。农家院子里混合着秸秆、泥土和猪圈的气味，我环顾四周，看到几户宅院边都砌有猪圈，心知是给自家饲养的猪。只是不知道猪圈的砌砖是否也有当年的文物呢？当年的土王若是看到今时今日这种情景，会作何感想？老人家看了我们一会儿，便顾自回屋坐了，留我们在那里感慨。

"其实鹤峰县城就是建在中府的位置。只可惜很多东西没有被保护，人们也没这个意识，现在新建的县城，遗迹大都找不到了。娄水桥就用了很多当年的砖石。现在百步梯这边其实是当年爵府的护城墙，在农行那边还能看到一些。"下山路上，熊总一边拨拉着长及腰际的荒草，一边惋惜着。这是一个文化旅游开发的业内人士寻根文化又无处着力的无奈感吧。

荒草萧瑟，四野茫茫。空寂的旷野上，西风猎猎作响。在来到爵府之前，我们去了万人洞——土王囤粮蓄兵之所，现下看到了爵府这个土王的后宫以及小昆仑——土王子女读书的所在。一小时的探访后，我们作别了这个曾经盛极一时的土司王国，离开之时，心下怅然。

从明万历年间的田王楚产到清雍正年间的末代田王旻如，爵府以静默的姿态完成了它四百年的使命。它的身上想必挟裹过士兵修府时伐木搬砖砌墙的汗味，缭绕过九峰先生编写《田氏一家言》时的墨香；它的耳边想必聆听过女子巧笑晏兮的嬉闹，和战马哒哒震耳欲聋的喊杀；它的上空想必回荡过鸿儒名士品评《桃花扇》时的觥筹交错、连声喝彩，和夜半烛火悄声密谋的钩心斗角。它是安乐窝，是桃花源，也是修罗场，它见证了一个风起云涌、群豪辈出的时代在时光更迭之后徒留的寂静无声。

人事有代谢，往来成古今。江山留胜迹，我辈复登临。一切过往皆不可说，唯有清风明月低语轻吟。时间的脚步，永不停留。

不负韶华

2018年过生日时，我人在鹤峰，简单却隆重。

鲜花、美酒、蛋糕，给了异乡人足够的体面，邀请、祝福、褒赞，给了异乡人如火的情谊。校长和几位校领导特地到宿舍看望，拉家常；易主席亲自题写了生日祝词，代表工会送上祝福；黄组长在办公室招呼大伙合影，还在朋友圈送上了温暖的文字；年级组也隔着屏幕问候"讲鹤峰初印象"的吴侬软语。与此同时，小家园的同伴也早早准备了惊喜，强哥凌晨送来一段"容美女神"自制视频，熊医生精心准备了生日礼物，大家还留下了珍贵而难忘的全家福。

雪花飘落在鹤峰的山路十八弯，路虽险，途中虽有小插曲，但镜头下的笑脸掩饰不住心底的激动和感动。鹤峰，这是怎样一个让人暖心的地方！

鹤峰，起因有鹤来峰，或许也是大家伙儿远隔千山来鹤峰相聚的寓意吧。小家园的几个人若仍在杭州，或许只能擦肩而过不会有相识相知，而鹤峰的朋友更不用说，半年前的今天，我甚至没有听说过"鹤峰"这个地方。我们原该在各自的既定轨迹里行走，讲述他人的故事，如今，居然能在这里畅谈人生、分享心事，经历彼此的人生，这不是很神奇的际遇吗？这样一段缘分，不该被好好珍惜吗？

"鹤峰小家园"的战友们在机场陪我过 34 岁生日

　　人生匆匆，能有多少个一年半？ 40 个？ 50 个？ 60 个？不管多少，终归有限。前一日，与我搭班的曾老师父亲心肌梗塞，来不及与家人作别便溘然长逝。在感慨人生无常之时，我也越发觉得每一日的珍贵。劝君莫惜金缕衣，劝君惜取少年时。虽然已不再是少年时，但每一个此刻总还是最年轻的自己，可能也是最健康的自己，最少忧虑的自己，还怀梦想的自己。虽然一年半貌似漫漫，但定睛细数却分明已经过了1/3。那些远去的100多天里，有那么多人给了我关怀和照拂，给了我短期驻守他乡的勇气和信心，给了我尝试新事物的支持和力量，甚至每周一上班时，我都需要无数次地回答同一个问题："周末干什么了？过得好不好？"烦琐是烦琐了些，但老师们眉间眼角的微笑和关切告诉我，这不仅是他们见面时的寒暄，也是他们理解世界的方式，正如阿基米德用数学解释世界、亚里士多德用变化看待世界，鹤峰人用善意践行朴素的世界观。一向年光有限身，在剩余的时日里，我也愿如是待之，把同样的善意和美好奉献给这片土地。或许我做不了很多，也改变不了很多，但我来过、努力过、留下过，便足够。待到两鬓斑白的某一日，翻开相册，愿能告诉自己四个字：不负韶华。

长轿公司

进出鹤峰一般都是我和朱强、熊娟娟一起。每次我们都打电话叫长轿公司的车接送。从恩施到鹤峰的山路有七十多公里，长轿公司单趟收费320元。一辆小轿车，我们三个人坐刚好，后备箱放点行李刚好，男女搭配也刚好。于是我固执地认为，组织上对援派人员的安排真是圆满。

我们叫的长轿车都是鹤峰本地人开的，司机师傅的年纪在50岁上下，偶尔会遇到30岁左右的年轻人。一般来说，年纪大的师傅们开车快些，一来山路走熟了，二来老司机总觉得自己车技没问题，不知不觉就会开快，所以往往两小时四十分钟就能到达目的地，开慢些的三小时左右也能到。就乘客的体验而言，不同师傅开车还是很不一样的，有些车坐得比较舒坦，有些车坐着就会晕车，还有几次会遇到惊险路况，这时就看师傅的临时应变能力了。比如去年一个下雪天的晚上回鹤峰，雪积了十几厘米，我们的车轮上了防滑链，以30码的速度小心地跟在一辆红色小车后面行进。开到宣恩最后一段路时，弯道很多，在一个270度的左拐弯处，红色小车刚打转方向盘，明明应该继续向左前方去，却突然在冰面上漂移起来，车头直接对准了我们的车！幸亏师傅应变很快，稳稳踩下刹车停了下来。停车时，两车相距不过三四米。惊险一幕至今心有余悸。又比如昨晚回鹤峰路上，漫山大雾，不能视物，开了雾灯仍然看不清路在何方，我们都在车里担心师傅能否看清道路，好在这位师傅有着十七年的车龄，对这条路的每个弯口、每条小路都了如指掌，最后平安稳当地带我们抵达了县中心医院。类似这样的极端天气情况时有发生，所以每次电话叫车时，我们都会暗自祈求遇到一位开车稳当些的师傅。

鹤峰人淳朴热情，大多数司机师傅也都挺随和的，与我们坐在车里唠唠家常，说说鹤峰景色，彼此能够相处融洽。柳队长是长轿公司的一个队长，平时我们叫车都是联系他。他自己也跑车，有一次他接我回鹤峰，路上聊天时就讲起了鹤峰的景点，董家河、芭蕉河、屏山、木耳山……柳师傅说起一个个地方都眉飞色舞、如数家珍。他问我杭州的工作情况，说到杭州的工作时间长、强度高时，他面带得意地表示，鹤峰有小乡村的慢节奏，除了最深处的贫困户，一

多年以后回想，从恩施到鹤峰的山路旅程定是一份难得的回忆

般老百姓的生活幸福指数还是挺高的。相较于大城市，鹤峰的工作节奏比较慢，空气和水没有污染，人的心态更平和，寿命也能长些。去年，他还让已经在上海银行工作的儿子回鹤峰来，"上海落个户口多累啊，买房子也贵，现在儿子到这儿工作了一阵子，觉得挺好，挺安心。等他结了婚，我的事儿也就了了"。柳队长一边说着，一边呵呵笑着。每当提起自己的生活状态，鹤峰人都会呵呵地笑起来。是的，鹤峰人对自己的家乡有着发自内心的热爱和骄傲，这种自信不仅柳队长有，在高老师、我的同事和很多初次见面的鹤峰人那里，我也都感受到过。他们诚恳、踏实，对美好生活有向往，但要求不高，容易满足。

不过，并不是所有长轿师傅都像柳队长这么好打交道，我和同行的两位杭州同伴就遇到过一次很糟糕的坐车经历。那是去年年前的一个下雪天，我们结伴回杭州过年。可能司机师傅也不愿在这种天气跑车，一路上都不怎么搭理我们，我们也便不多说话。车开到太平镇，山势渐高，飞雪扑面，路上的积雪已经冻成冰面，两旁的树枝结满雾凇，转弯处时时可见一块块警示牌，要求车辆安装防滑链方可通行。见师傅无视告示继续行驶，坐在副驾的朱强问是否需要安装防滑链，师傅不答话，再问，丢过来一句"不用装"！坐在后排的我和熊医生对视了一眼，心里的话被硬生生咽下去。车子继续行进，路边不断有车停下安装防滑链，我们提心吊胆地看着白茫茫的一片山林，听着轮胎轧过的嘎吱声，终于忍不住又提出安装链条的请求，委婉地表示师傅车技很好，但现在路面冰冻，还是安全为重。见我们坚持要求，最终师傅非常不情愿地靠边停车，一边嘟哝，一边装上了防滑链。随后车里的空气瞬间静默起来，一车人沉默地到了高罗镇。高罗是鹤峰到恩施的经停站，因为有免费洗车服务，所以很多师傅都会在这里休息，趁着洗车的工夫上个厕所、抽根烟。我们三个乘客上了厕所，喝了水，聊了会天，而司机却迟迟不来，于是我打电话去问问，结果刚说了声"师傅，你在哪儿"，电话那端就嚷嚷着说了一串我没听明白的鹤峰话，然后啪地将电话挂了。我们正纳闷儿着，就看到师傅黑着脸过来了，朝我们丢了一句不知什么话后，就边转着方向盘边狠狠地用方言打电话，虽不是每句都懂，但大概意思还是能明白，是跟柳队长抱怨我们这几个乘客太难"搞"了，坐个车嫌这嫌那，上个厕所催得要命，以后不想再拉我们的生意了。我和熊医生对视一眼，无奈地苦笑了一下。不过，考虑到还坐在他车里，我们几个也不敢多说什么。

今年年底，鹤峰的高速公路就将建成，届时，从恩施到鹤峰只需要一个半小时，人们进出会更方便快捷。俗话说，若要富，先修路。道路对于乡村的发展意义不言而喻，对鹤峰而言，或许更密集的经济往来、旅游产业时代即将来临。人流一旦加大，信息会更加畅通，长轿车是会被更便捷的网约车取代（目前鹤峰没有网约车），还是会扩大市场布局，让生意更加红火呢？昨晚，送我们的师傅告诉我们，这几年，长轿公司一直受黑车影响，已经开始缩减利润，将价格与黑车价格持平了，但即便如此，仍然有不少人宁愿便宜10块钱选择没有安全保障的黑车。公司生意受影响，司机也赚不多，每位长轿师傅跑一趟单程，需要上交给公司100元，扣除过路费110元和油费、损耗费，在不违章的情况下，单程只能赚200元左右。说者无奈，听者默然。高速开通之时，我们应该已经完成使命离开鹤峰，而长轿——这个已经在盘山公路上蜿蜒十七年的老牌客运公司，会何去何从？它会以怎样一种姿态迎接新的时代呢？

最美的初心

——观《老师，好》有感

  鹤峰县是有电影院的。我曾经为到鹤峰一个月后的这个大发现而惊喜不已，它意味着我的周末生活又有了一个极好的去处。虽然与杭州的电影院相比，它实在简陋，且事实上没有多少顾客光临，但它的存在给我的支教生活带来了许多小确幸。

  最近看的片子是《老师，好》，它讲的是20世纪80年代的师生关系及纯真情感。尽管整个故事情节稍显简单，但它想要传递的师生冲突和情谊、青春的冲动和遗憾以及未被宣告的隐秘情愫在影片中欲语还休。片中的角色性格鲜明，有优秀生代表——贫寒家庭出身却成绩优异的安静，"非主流"代表——外表帅气冷漠、内心单纯讲义气的洛小乙，也有追求时尚、爱出风头的关婷婷以及爱起哄爱跟风却心地善良的文明、建设、王海等。当然，影片着墨最重的还是于谦饰演的班主任苗宛秋。

  苗宛秋老师曾是全省高考状元，但由于时代因素，最终，那一纸北大中文系录取通知书成为他的心头之痛，也为之后他特别看好的安静同学继承他的梦想埋下伏笔。这位顶着"地区级优秀教师"头衔的苗老师有着老派教育人囿于经验的固执与偏见。他不能容忍烫发、口红、香烟出现在教室里，也不能容许顶嘴、迟到等常规被破坏，更不能放任江湖习气在班内蔓延, 甚至面对这些行为公开发话 "我小舅子就在三马路派出所"。他终生的价值追求就是让学生认真学习, 在这个公平、公正的新时代考上一个好大学, 当然这里面也承载了他自己未实现的梦想。为了打造一个埋头苦读、学风优良的班级, 他独断专行, 第一节课就惩罚了6个人, 之后又强力压制洛小乙在全班呼吁声中当选班长而改任安静; 他无视学生心意, 在全班花几个晚上倾力找回他的自行车后破口大骂他们浪费时间; 他也不惜为复习迎考而武断禁止全班参加艺术节。他还对洛小乙心存偏见, 多次冤枉他, 还在全班面前朗读入团申请书羞辱他, 差点儿让他失去入团的信心。

以上种种可见这位苗老师完全忽视了学生的心灵需求, 一心只盯高考分数, 不仅不够完美, 甚至未必说得上是个优秀教师。然而这样独断专制的老师在那个刚刚结束的蒙昧时代, 是有其合理性的。再配上《阿里巴巴》的迪斯科热舞、格子衬衫的学生装和绿色雷锋包的细节, 瞬间就有了80年代即视感。回忆90年代的小学, 大致也可以与影片中的背景遥相呼应, 我的小学老师好像也是像苗老师一般, 一切围绕考试, 而不太关注其他。

不过, 要让人物塑造得丰满, 电影总会有更多对立的细节。在影片中, 苗老师还有很多温情的一面。他为生病的 "耗子" 组织募捐, 并且自己默默掏出一个月工资; 连夜寻找流落街头成小混混的洛小乙并姿态强硬地让他跟自己回去; 免费给矿山中学的学生补课补到家里站不下人; 毕业前请学生到家里吃饭并以自身经历勉励他们好好学习; 安静出车祸后, 他陷入深深的自责和懊悔中……这些事例让我们又分明看到苗老师那颗最美的初心。与其说那是对学生发自内心的爱，不如说是一个正直善良的知识分子所做出的价值判断和人文关怀。捐款、找人、补课、请客……这些都不是老师的分内之事，但他都做了。除了爱和良知，我们似乎无法给苗老师的行为下更好的定义。作为老师，片中有他对教学行为的反思，最终他修正了自己对洛小乙的认知，虽然影片没有明确告诉观众最终洛小乙是否入团，但我们有理由相信那封警告处分最终只是束之高阁。再回想影片之前展现的苗老师的专权独断，我们会重新感慨"爱之深，责之切"，正因为爱学生，所以他才专断，才会用他这个"经验丰富的优秀教师"的眼光去决定学生当下的生活方式，并与之进行不屈不挠的围绕自行车而展开的略显搞笑的"斗争"。

除了爱，我们在影片的很多细节中也看到了这个知识分子骨子里的清高。比如和同事聊天时强调"优秀教师"是"地区级"的，比如发现关婷婷为当班长和他套近乎时警惕和不屑的神情，又比如他爱人得知他补课不愿收钱时故意发出"当当"的切菜声，当然知识分子的清高在学校分房问题上表现得最为明显。因为不愿和学校领导拉关系，所以苗老师一直没有分到房。在最终因学校冤枉苗老师而做出补偿性分房的决定后，苗老师却毅然选择了放弃房子，离开学校。放弃和离开，不是因为被冤，而是他无法面对他人为此付出的代价，或许也因为当年那个北大中文系梦想的破灭吧。

影片中的所有人物都有着不完美的经历和烙印，洛小乙街头斗殴、翻墙如翻书，安静唱歌跑调、自卑胆怯最终还无法走，关婷婷虚荣嫉妒、造谣中伤……但最终影片呈现给观众的依然是人性之善和积极向上的力量。我想这也是电影对人生不完美的回应：尽管不够完美，但我们依然有着向美、向善的初心。正如影片最终，学生毕业时黑板上写的那样：我不是在最好的时光遇见了你们，而是因为遇见了你们，我才有了这段最好的时光。

做客土家

周六下午，朱强告诉了我和熊医生一个好消息：与他搭班的雷丽老师邀请我们去她家乡下的家里做客。这一定是段令人期待的行程，因为就我们近一年的生活经验来看，乡下可比城里好玩多了。

在鹤峰，县城的上班族在乡下有房产并不是稀奇事，我所在学校也有很多同事平时住县城，周末回乡下。很多老师不仅在乡下有"别墅"，还有鱼塘，有果园，甚至有自家的山，我开玩笑说他们活脱脱一个地主。

周六中午，雷老师安排了思源学校的王老师开车接我们。从县城到雷老师家有半个多小时的车程。出了县城后，车子便顺着一条不起眼的石子路拐进一条山道。路边半人高的茅草和270度的急转弯考验着驾驶员的车技和对路况的熟悉程度。车子左转右转，正当我准备随车继续冲下一段斜坡时，车子却在半道慢下来，转入左边房子前的一块平地上。那里，雷老师正端着一个托盘笑吟吟地迎接我们，托盘里是刚为我们沏好的茶水。

呀，还没下车就受到如此郑重的奉茶礼！我们几个慌忙下车，接过茶水。小小一杯清茶，饱含着主人的热情和真诚。在我所听说的少数民族习俗里，只有最尊贵的客人才会受到这样的礼遇。

喝了茶，略坐了坐，雷老师便带我们去参观她的家。说是"家"，却不是一般意义上的房子，这个"家"大得令人咋舌。主体建筑是一幢两层楼的屋子，大致可算三间，除此之外，房前屋后也全是她的私人田产。雷老师边带我们参观边一一指点："这是我家的菜园子，喏，上边山坡上还有一块地。对，一年四季都有东西种着，我们不打农药，想吃什么就自己摘，今天包粽子的箬竹叶就是刚刚摘下来的。以前我想种向日葵，我妈就种了一排，开花时候特别漂亮……嗯，这是我家的竹园，我喜欢一个人在这儿拍照，下回把我的古筝放在竹林里，估计会很有感觉。我家那几只鸡都是直接放养在竹林，让它们自己找吃的……你们再看那边，那座山也是我的，前几年办的手续……"雷老师言语之间，满是对这片土地的热爱和自豪。她说父母喜欢在乡间劳作，她也喜欢乡村生活，慢节奏，养人。之前雷老师做过小学校长，后来也有机会去从事政府公职，但她仍然愿意回归课堂教书，和孩子打打交道，周末则回乡下住几天。

这样的生活，无论谁都会无比向往吧？屋子依山而建，站在屋前稻地上向下俯瞰，便是半爿山坡，放眼望去，虽没有气吞山河一览众山小的气势，却上有山间云雾缭绕，下则满目青翠葱郁，别有一番天地，尤其山坡上一块块被开垦齐整的菜园夹杂在野蛮生长了百年千年的林木之间，令人恍然如同置身于宏大的时空中旁观人类的活动轨迹，不由得心生感慨。雨后的清新空气，舒张了心肺，也凝固了时间，便只是站着看看这天，这地，这山，这林，就胸襟开阔，心情舒畅。除了羡慕，我们几个城里人还能表示什么呢？

雷老师家的房子是坐落在山腰上的木结构平房，并不是土苗最传统的吊脚楼,看上去应该是挑平了一块地面后盖的。房子的正厅中央挂着很大一幅毛主席像,像的前边摆着少许供奉的果品,今天雷老师就在毛主席像的下边招待我们吃饭;左边是厨房,右边是会客间。除了这三间外,左右还各搭出一间杂物间,左手那间做了鸡舍,右边的则堆放农具,里面还放着两个石灶台,据说是以前房子的主人留下的,一个给人烧吃的,一个用来烧猪食。

雷老师全家都是土家族人,从这一年来的了解,我们知道土家族汉化已久,日常衣穿打扮和生活方式与我们已没有太多区别。但她家的房子里还依稀可见一些土家族"老底子"的传统。比如房子的用材从地板到阁楼,包括家具,都是木头,想来是因山里木材易得,又可以防潮防湿。正厅左右屋檐下挑出两根红蓝刻绘的木条,上面绘了鱼形图,檩上用绿漆一边写着"富贵"一边画了两个圆圈,大概有祝福庇佑年年有余的意思吧。墙上开出一扇花格窗,最近雷爸刚给木房新刷了一层清漆,镂空的四方形花格窗镶嵌在里面,更显好看。这花格窗让我想到鹤峰实小新出的logo设计初稿,也用到了吊脚楼窗格的意象。整座房子的装修不算很讲究,但有很多有意思的细节,比如正厅上方是阁楼,从地面到阁楼约三米高,却只有一把梯子上下。据雷老师介绍,阁楼一般存杂物用,有时人们也会在上面睡觉,不过她家的阁楼基本废置,当然也是不睡人的。我爬上楼梯去打量了一圈阁楼,存放东西我是信的,但可以在这种逼仄的空间睡觉?我半信半疑,因为我在旅游时住过类似的阁楼,亲身体验告诉我,阁楼倾斜的屋顶会给人以压迫感,睡着并不舒服。此外,整间房子用的是中国传统的榫卯技术,房梁、檐檩没有一颗螺丝钉,

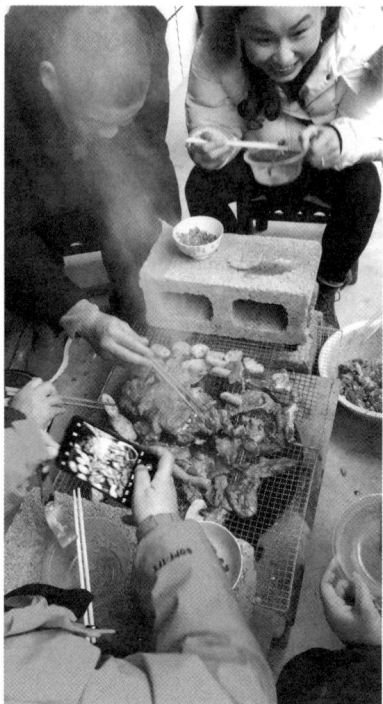

土家美食众多，图为作者在另一位
土家族朋友家吃"杀猪饭"

全部由榫头和卯连接，凹凸扣合十分严谨。正厅的门槛上并列排开六扇门，雷爸爸见我对门扇的开合比较好奇，便上前帮我取下了门档条。我这才注意到原来门槛上下方各有一个凹槽，起固定作用，一旦抽走门挡条，六扇门便可自由开合。这样的门我只小时候在奶奶家见过，如今哪怕在乡下也不多见了。现代生活让人们离自然越来越远，但手心摩挲木头纹理的那一刻，大地赋予的安全感、亲近感会再次直抵内心，这种感觉是否也是雷老师坚持守住这片田园的原因呢？

厨房没有正厅那么多门，黯淡的光线和暗沉的地板让人一眼望去，只觉屋里黑乎乎的。地板中间用石头留出一大一小两个区域，上面支着两个灰扑扑的灶台，小灶上架着个黑炉子，火烧得正旺，粽叶的香味已经隐约可闻。大灶上则是一口直径80厘米的锅，旁边两把火钳随意搁在烧了一半的灰白色木柴上。今天的主菜就在大锅里烧。靠近炉子的半边墙已经被油烟熏得黑到屋顶了，整个厨房似乎只有房梁上的两个竹背篓和忽忽的火苗泛着一点亮。靠门边的墙上齐齐整整倒钩着十几双鞋子，我看着新鲜，想来有利于雨天沥干。地上横七竖八搁着土豆、海带等菜蔬和几个洗菜用的盆，一畚米已经淘干净沥在淘米篓上，准备烧土豆饭用。为了这次招待，雷老师的爸妈、姑妈、嫂子全下厨忙活着，我们几个想帮忙却插不上手，只能站在一边看看。雷爸雷妈话不多，随我们站着、坐着，拿一个外乡人的新鲜劲东张西望，东瞅西看，这倒让我们自在许多。

　　几个小孩在堂前屋下穿梭奔跑。门口，王老师四五岁的儿子学着爸爸从脸盆里抓起一只只小龙虾，用剪刀把虾脚剪掉，然后丢到另一个大脸盆里。我讶异于这么小的娃娃面对张牙舞爪的龙虾竟一点不怵，干脆利落。眼看小小的手一次次快被龙虾钳到，而爸爸却照旧顾自扯虾肠，眼皮都不抬一下，我心里一阵紧张，然后有意识地提醒自己抑制伸手援助的冲动。蒙台梭利说，"成人阻止儿童自由地行动，因此他本人成为儿童自然发展的最大障碍"。抓龙虾如此，做作业亦然，恐怕城市里的许多爸妈和我一样，见不得孩子冒险和走弯路，这位爸爸那股子不经意间的气定神闲尤其令我叹喟。所有你经历的都会引导你进行意识上的发展，路要靠自己走出来，大山赋予当地人的多自由、少拘束恰恰能满足孩子成长最需要的节奏和空间。

　　山里的天气说变就变，不多久，就开始下起细细密密的小雨来。大人们忙着拾掇东西进屋，小孩则在雨里游戏起来。二个孩子不知从哪里折来一片又长又大的芭蕉叶，拿头顶着它当伞，扯着衣服在雨里行进，嘴里还念念有词，俨然面对着一件正经的大事。雨水顺着芭蕉叶尖而下，打湿了孩子的裤子，可他们浑然不觉，踩着水洼，开着火车，咯咯而笑，乐在其中。我恍然想起那天小雨中在鹤峰实小操场上奔跑踢球的孩子。十分钟的下课时间，孩子在雨中追逐，上课回去时，怕是要全身皆湿吧，但那又怎样？衣服湿了，吹吹就干；鞋子湿了，将就着穿；跑得多了，想着凉都不容易呢！易校长说，山里的孩子野，也糙，比不得杭州的精细。对天地间的召唤更敏感，与自然的节拍更契合，如果这便是"野"是"糙"，那有何不好？

愣神间，雷老师喊我们坐在檐下喝茶吃零食。瓜子花生、锅巴、炒玉米粒、柿饼，农家好客，虽然点心不如杭州的精致，却是一大袋一大篮地往外拿。我尝了尝，锅巴是辣的，玉米粒是咸的，瓜子花生自不必说。鹤峰人不比杭州，不爱吃甜，却爱咸辣。给我们加好茶水，雷老师拿把扫把过来扫地，随手捡起孩子们刚才丢下的塑料袋塞进旁边三轮车的一个大口袋里。她解释说旁的垃圾都可以变废为宝做肥料，但塑料不降解，她和周围邻居都把它们运到外面处理，避免大山生态被这些人造垃圾污染。"我们旁边邻居也是这样的，毕竟大山是自己的家嘛，我们也想尽量保护它。"雷老师淡淡说来，我却惊讶不已，不由得在心里竖起大拇指。没想到鹤峰人居然已经有了这么先进的垃圾分类意识呀！我个人对于塑料袋之类的垃圾一直心存警惕，买东西时能不用则不用，有时见家人要来袋子又随意丢弃还要说上几句，因此见当地人有这样的习惯，心下挺佩服。

天已近黄昏，雨没有停，反而越下越大了。雨滴随风飘落，6月天居然微微透出凉来。我没有带外套，又怕冷，便折回厨房取暖。雷嫂子正开始炒小龙虾。灶头的火已经烧旺，只听"刺拉"一声，七八斤龙虾下锅，和着香料翻炒几下后，油香、蒜香混着小龙虾的鲜香扑鼻而来。我没炒过这样的大锅菜,觉得有趣,便和朱强接过雷嫂子的铲子,胡乱翻炒着,又摆各种姿势让熊医生帮忙拍照。雷嫂子和一群人看着我们直笑。

我挨着雷家亲戚,坐在墙边的小椅子上。雷嫂子开始倒啤酒、加料、焖锅。旁边人围灶而谈,低语絮絮。几个孩子在门廊穿进穿出。略显昏暗的厨房里烟火气十足,一大群人在这里相谈甚欢,意趣盎然。雷嫂子显然是做惯了厨房事的,干活麻利得很,小龙虾刚刚出锅,又开始把切成两半的土豆往热烘烘的锅里下。这是要做当地特色主食——土豆饭了。在这暖烘烘的小空间里,时间被拉得格外悠长而缓慢,坐着坐着,我有点恍惚起来,脑中不禁滑过一句话:"时间就是用来浪费的。"此时此刻的时间,唯有浪费,方才值得!

晚饭照例是一大桌,腊猪蹄、熏猪肉、小龙虾、酸菜鱼、韭菜炒蛋、金豆儿洋芋、拍黄瓜……雷爸、雷妈忙着给我们端菜、打饭、倒酒水,姑妈、嫂嫂等人把桌边一圈位置让给我们几个客人,自己夹了菜在外面凳子上吃。我们招呼他们过来一起坐,他们却摆摆手,说不过来了,外面更宽敞自在。雷老师则不断劝我们吃菜,她生怕我们吃不惯辣,今天特地交代整桌菜肴都少放辣椒和花椒。我们有点不好意思,其实这一下午又是粽子、又是土豆、又是零食,早把我们的肚子填饱了。

此时,外面的天色暗下来,眼看雨一时半会儿不会停,大家准备分头回家。我们和雷爸道别,雷爸也不多话,只转身找了两个塑料袋让我们多装几个粽子回家,然后拿了钥匙帮女儿把汽车调好车头,方便她开出山路。做完这些,他就和雷妈站到屋檐下看我们上车。我们捧着一大袋冒着热气的粽子，透过车窗向他们道谢话别，他们只是点点头，没有多余的客套。

不只是热情的笑脸才是暖心的待客之道，淳朴的行为更能带给人真实和力量。做客一天，思绪万千，土家文化有土味，更有人情味。

那道美丽风景

抵杭到家时,儿子还未回来。算起来,此刻他正在考最后一门英语。

放下行李,简单收拾了一下后,我走进儿子的房间。房间左侧是一面照片墙,上面有他幼儿园毕业、一年级元旦的照片,还有半年前和我在鹤峰告别的合影,合影上的他嘟着嘴,一脸小脾气的样子。书桌上收拢着一叠练习卷,旁边是一支铅笔和昨晚没来得及清理的橡皮屑。小闹钟在旁边嘀嗒嘀嗒,仿佛不断提醒着儿子时间流逝如此匆匆。

是啊,终于回归了,终于可以停下脚步,好好看看儿子了!

外婆跟在我身后进了房间,念叨着说,昨晚才发现他书包里有张空白卷子没写,时间迟了来不及了;上次牙扩器弄丢之后,现在他保管得很小心;小家伙个子长高了点,今年校服裤还能凑合一下,明年就得添置新的了;这几天他都算着你回来的日子,今天放学回家,不知他有多高兴呢……

下午4点半,儿子进门,一眼看到了我,却一句话也没有,只放下书包,轻轻走过来抱住我,把脑袋依偎在我身上。只有做母亲的知道,这是这个内向孩子特有的表达方式——他想我了。

鹤峰县城中心溇水河上的廊桥夜景，美不胜收

我努力抱起这个已经50多斤的大男孩，亲了亲他的脸蛋。别笑，在母亲面前，孩子长多大都是个孩子啊！但是手臂上的分量让我意识到，这比上一次我抱他可要重多了。

"哒滴滴哒滴，哒哒滴滴哒滴！"我用只有他才能听懂的密码提示他，我要放手让他落地了。他一咧嘴，满足地从我身上滑下来，也不跟我多说什么，拎起书包像只雀儿般飞进了自己房间。

看着他一个人进房间的样子，我有点愣愣的，恍然间惊觉自己似乎从来没有看到过这样的身影，他早已比我曾经熟悉的样子少了几分奶气，多了几分力量，少了几分依赖，多了几分独立。我不在他身边的这一年半，他是怎样长大的？

虽说寒暑假我都在儿子身边，但平时他的习惯养成、学习指导、情绪处理，我鞭长莫及。去年的一个周末，儿子有项课外实践作业，要给他不认识的小同学介绍其中的活动规则，我拿着稿纸，隔着千里在电话里教他语气、表情，山区网络信号不稳定，中途几次中断，近两小时过去，儿子仍然不得要领，沮丧不已；上学期末，他在学校因一件小事跟老师怄气，气呼呼地回来，外婆怎么问他也不愿讲，我不在身边，无法安抚他的情绪，只能任由他自己消化；奶奶在电话里说，最近儿子说话有点张牙舞爪，对外婆发脾气、不礼貌，我也无法有效干预……每每想到这些，我心中就满是亏欠，这一年半里，我和先生几乎没有参与他的成长过程，或许他就跟我在鹤峰见到的留守儿童差不多吧，仅凭祖辈的一点点约束，野蛮生长。

当然，房间里的儿子觉察不到我心中的百转千回。早在一年半前决定去支教时，我就不露痕迹地给刚上一年级的他做过一个暑假的心理建设。通过图片和讲述，他知道了在自己目光所及的更远处，还有很多同龄的大人和小朋友需要帮助，这些帮助有的可以通过寄送物资实现，有的需要这里的老师、医生跑过去教他们怎么做。那时的他似懂非懂，虽然舍不得，但还是坦然接受了我的离开，还表示自己也愿意帮助这些小朋友们。去年暑假，先生带他一起来鹤峰看我，沿着一条"屁股都坐出汗"的山路，结识了同年级的小伙伴，去地里摘了茶叶，还送了一幅自己的画给小杰。离开时，他点点头给了我一个结论：鹤峰很好，他愿意再来。

你若安好，便是晴天。我庆幸儿子在心理上还算独立自主，没有给奶奶和外婆添大麻烦，更感谢爷爷奶奶、外公外婆在这一年半里在他面前对我的支持——对于妈妈不在身边这件事，儿子从没有流露过丝毫怨言，不仅没有，他甚至以此为傲，这完全来自祖辈们的包容。

在儿子3岁的时候，我曾问他"今后想做什么样的人"，当时的他正迷恋乐高，便给了我一个萌萌的答案——机器人。幼儿园毕业那会儿，儿子迷上了各种交通工具，于是答案变成了"做个火车司机环游世界"。去年国庆假期时，我又问儿子这个问题，那时的他早已忘却了幼时的"伟大梦想"，不假思索地回答，要"做一个会帮助别人的人"，还补充说"我要做个老师，像妈妈一样"。说这话的时候，他刚刚完成2公里夜跑，还喘着粗气。他一定不会想到这几句话会像一朵烟花一样在妈妈的心里瞬间绽放。那一刻，夜色掩盖了我胸膛间激动的起伏，头顶的星空瞬间璀璨无比！我完全没有料到儿子会给我这样一个令人肃然起敬的答案。

站在这个小小的身躯边上，我惊喜，更骄傲。我惊讶于曾经吃着手指的小娃娃在不知不觉中长大了，即将9周岁的他心中除了自己，更有他人；我喜悦于他的师长、同学、亲人积极正面的力量正潜移默化地根植在他内心；我更喜悦于自己可以成为他的榜样，得到他的认同——这未必是每个做母亲的都能获得的殊荣呵！

我赠你三月春光，你予我四月桃花，世间种种美好缘分莫过于此。或许，恰是这些没有我在的日子，儿子形成了独立的品格；又或许，他人不经意的言谈萌发了他一些些的信仰。这一年多里亏欠的时间，有待来日弥补，但儿子拥有的这些，我已经感恩于心。很多时候，我们寻寻觅觅，渴望远方的田野，却忘记了自己本身也是一道美丽的风景。

扬鞭奋蹄，好景须记，儿子，我愿一直成为你眼中的这道风景，也愿来日你成为他人心中的美丽风景！

家的温暖，给我前行的力量

——在杭州市胜利小学期末师德培训上的汇报发言

各位老师、各位亲爱的胜利家人们：

我回来了！

有点激动。回家，已经盼了很久了。

12月28日是我生日，那天，我收到郭校长的短信，他在短信中表示欢迎我回家，并且请我于今天做一个主题为"我回家了"的分享。如果是平时收到这个短信，我会理解成一项工作，但看短信那刻，我感觉到自己身体里有一种情绪开始奔涌，那是一种一群人在守候你的幸福。我把这个短信当成我的生日礼物。谢谢郭校，谢谢大家。

家是什么？家是风雨中的并肩同行，是欢乐时的激动分享。家是荣辱与共，是包容谅解。家是进门丢下破旧的行囊，要迫不及待倾诉一路见闻的急切；家是不管你灰头土脸，还是衣锦荣归，都会欣喜迎接的那句"回来就好"。

现在我的心情有点像远行归来的游子，有一点近乡情怯的味道。离开胜利一年半，在座的老师中，有一半我快不认识了，可谓是"保安相见不相识，笑问客从何处来"。新城校区投入使用时，我刚刚离开胜利，今天，我是第一次在这个舞台正式发言。环境影响人，后面的汇报有说得不妥当的地方，还请各位娘家人多包容。

我是2018年7月去支教的，支教地点是湖北省恩施州，和我一同去的共有杭州市24名教师和医生、20名挂职干部，我们一起奔赴国家东西部扶贫协作大战略规划下的脱贫攻坚第一线。

大家听说过恩施吗？在接到委派时，我只依稀听说过这个地方。之后我查了百度，发现恩施是土家族最大的聚居地，那里大约70%都是土家族人，还有20%的苗族和一部分白族、蒙古族人，我们汉人在那里是真正的少数民族。像我所在的班级里，58个孩子里只有2个汉族人。但那里汉化程度非常高。

恩施州8个县市中最偏远的一个叫鹤峰县，它地处武陵山区腹地，和湖南接壤，总面积2892平方公里。它是国家级贫困县，是上城区对口帮扶县，也是我要去的地方。因为胜利小学与鹤峰县实验小学是结对学校，所以我就被安排在这所学校，除了担任两个班的英语教学，我也参与部分全县小学英语教研工作，时常需要跟随研训中心下乡上课。

鹤峰县实验小学是一所百年老校，去年上半年在做校园文化时，我们追溯过它的文脉，巧了，它和胜利小学很像，其前身是"鹤鸣书院"，是当年当地文人聚集的一个所在，距今已有173年，后来因战乱迁址，几易其名，最终成为今天的实验小学。这所学校也是鹤峰县老百姓认同度最高的小学。第一次走进学校，给我的感觉真是又破又旧，校长告诉我说当地财政已经连续四年没有任何拨款了，一是政府没有钱；二是国家的扶贫资金只能下到乡镇，不能放在县城；三是当时政府规划把学校搬到邻近一所新学校去，但是随着乡镇学生涌入县城,发现新学校也无法满足家长需求,便又决定保留这所老学校。

实验小学的学生数是超额的,大家一定猜不到最大的班额。小班化标准班额是36人,他们是双倍,72人。学校约有100个老师,平均年龄45岁。我在那里已经是第三年轻的老师了。但这样的教师配备,在当地算是好的,大家都认为年纪大的老师经验丰富,用家长的话说是"管得住"孩子。

一年半里,我在那里看到了来自学生、老师、校长的渴求,看到了来自老师和校长们的"坚守",也看到了当地教育的实际困境。

一、渴求

(一)学生的成长渴求

刚到学校不久,上公开课自然是要的。我像在杭州一样备好课,邀请英语组老师听课,一同参加的还有我们六年级的几位班主任。那节课上得比较顺,虽然我自己说不上它有多特别,但听课老师给了我很多肯定。正当我们在办公室评课时,隔壁班的班主任跑过来拉着我的手,非常热情邀请我:"刘老师,下午去我们班上一堂英语课吧,我们班孩子羡慕死六(1)班了,也想上一堂'杭州老师的英语课'!"

"对对对,我们班孩子也想上你的课!"旁边几位班主任也发出邀请。我有点受宠若惊,我的课真有这么好吗?后来我确实去其他班上课了,然后我也明白了什么是孩子心中"杭州老师的英语课"。全英文授课在我们这里是最基本的要求,在那里却是遥不可及的渴望；对孩子柔声细语是我们工作的日常，在那里的学生看来却弥足珍贵；作业分层设计在这里是常规动作，在那里却极为罕见；唱英文歌、读英语诗、录音反馈、思维导图，这些杭州学校最常见的学习方式，在那里却像开垦了一片处女地。与其说孩子们对我好奇，不如说被更先进的授课方式、学习理念所吸引。

去年6月，我带的两届六年级学生毕业了，告别时，孩子们抱着我哭了，有个孩子给我写信说"老师，谢谢您的教诲，我最后几次的英语作业做得那么认真，不是为了得A，也不是为了得到表扬，而是像您说的那样，为了变成更好的自己"；上星期，有孩子听说我支教结束了，还给我发短信说"谢谢老师一年的教导，您是我第一个当作朋友的老师"……孩子的情感是真挚的，我明白孩子们对我的好，但我也深知，其实学生们更舍不得的是更好的教育样貌。

每当这时，我就想，我一个普普通通的杭州的老师能够带给山里孩子这么不一样的感受，那我带给胜利孩子的呢？胜利的孩子见多识广，我要怎样才能带给他们不同的学习体验呢？

（二）老师的发展渴求

学生有成长渴求，老师也有。美术杜老师非常希望把美术课跟地方戏曲柳子戏整合在一起，为此，杜老师还特地问我要了我们这里美术严老师的电话；语文贾老师喜欢阅读，在听了我们这里陈老师关于深度阅读的讲座后，在班里尝试了读书分享会，并且非常成功，她说还会继续钻研，这是关乎孩子一生发展的事；为了给山区孩子引进更多资源，我为英语组联系了北美外教网络公益课，但给五六十个孩子上网络课，需要有人担任助教，一开始，老师们都怕做助教，于是我选择先上，后来大家发现原来做助教并没有想象得那么难，便也有了尝试。这学期，英语组老师自己又主动申请了一节外教课堂。

实验小学老师普遍年岁较长，他们最怕的事就是上公开课。因为上公开课就要做PPT，而这是很多老师的短板。有一次，恩施州领导来学校做调研，要听一节英语课。接到任务的邓老师连着两个晚上没睡好，哭丧着脸问我怎么办。我了解了她的课前准备后发现，电脑操作还是其次，关键在于没有思路，原来，因为不会做课件，所以老师们的习惯都是先从网上下载课件，再依着课件去套教学设计。这怎么行？我重新帮助邓老师一起整理了课堂环节，鼓励她用英语把教学用语重新写一遍，再自己试着做PPT，有图有文字，没什么难的。最终，邓老师顺利上完了课，一出教室，这个快50岁的老师居然拥抱着我激动地说："我居然能全英文上课，而且用了自己做的PPT！刘老师，以后我不再怕上公开课了！"

老师们是可爱的，老师们也是有发展渴求的，给他们一个支点，或许他们就能撬动地球。

（三）学校的发展渴求

最后说说学校。度过四年没有财政投入的艰难时光后，实验小学的易校长终于拿到了第一笔校舍维修资金，于是学校开始粉刷廊道、平整教室坑坑洼洼的地面、重修厕所，并果断在新学期拆分了72人的大班额。第二年，学校又重建了跑道、重装了图书馆，还确定了校园文化……实验小学的校长说："我在实验小学这么多年，从信息老师做到政教主任，到外面学校做了一圈校长，最终又回到实验小学，在这里一待就是十几年。我对学校是有感情的，我是真的希望学校能够越来越好。"

从学生到老师，再到整个学校，我所看到的是大家自身的发展渴求。渴求是一种力量，我把它叫作内驱力。

二、坚守

（一）老师的坚守

2018年7月，学校还没有装电扇。清晨是一天中最凉爽的时候，但再是凉爽，六七十个学生的教室里，大家也早已汗湿全身。不过很遗憾又很庆幸的是，我是暑假后才正式去上班的，那时电扇已经装好了，没有亲身经历这样惨烈的场面。我们可以想象满教室少年荷尔蒙的气味吗？或者是一屋子小屁孩乳臭未干的气味？但老师们在这个岗位上一站就是十几年。

（二）校长的坚守

实验小学的易校长不是个喜欢和领导打交道的人，能推的饭局他一律不去；实验小学的副校长向玲曾经被借调到教育局，最后因为放不下学生，便恳求教育局把她调回实验小学做老师。到鹤峰最北端的高峰小学去，憨厚的校长给我们开校门时，腿上满是泥巴，他说新学校刚刚建好，还有地方要修修补补，他正在拌水泥。说这话的时候，他呵呵地笑着，眼睛里满是期待。往鹤峰最南端跑，翻过两座山头，有一个堰垭小学。这是个寄宿制学校，学生周五下午回家，周日下午回学校。我到那里时正值枯水期，学校已经断水一个月了，除了厨房里暂时性地供水外，连洗澡洗手都没法儿解决。那里的校长是个28岁的女老师，两年前，这个学校差点儿办不下去，因为没有人愿意到这么偏僻的地方当校长，于是教育局派了她这个刚教书不久的老师上岗。和我同行的研训中心主任说，当时她是哭着去学校的，但是最终还是擦擦眼泪接下了这个重担。两年下来，学校教学已经很正常了，附近一百多个孩子也总算有地方读书了。

这样的事例还有很多很多，说到这里，我想起一首诗：

总得有人去擦亮星星

它们看起来灰蒙蒙

总得有人去擦亮星星

因为那些八哥、海鸥和老鹰

都抱怨星星又旧又生锈

想要个新的我们没有

所以还是带上水桶和抹布

总得有人去擦亮星星

——谢尔·希尔弗斯坦《总得有人去擦亮星星》

这些老师、这些校长们，就像这块沉默土地上的耕耘者，无声又倔强地守护着这个家园，默默地擦亮大山里的一颗颗星星。这种坚守是一种态度，也是一种力量，我把它叫作支持力。

2019 年参加鹤峰县教师节庆祝活动，朗诵表演后与同事们合影

从恩施返航时，胜利小学师生代表到萧山机场迎接，为作者送上家的
温暖

三、困境

（一）硬件改变了，但行为没有改变

校长、老师、学生有内心的成长渴望，又有对岗位的坚守，为什么教育上还需要上城的帮扶？他们的困境到底在哪里？

在东西部扶贫协作的背景下，上城区在人力、物力、财力、政策等多方面为鹤峰县开展帮扶，当地硬件条件非常好，像实验小学每个教室都配备触屏电脑，seewo系统、实物投影，课堂上同屏反馈非常方便。有时候上城区领导来鹤峰视察时，我会忍不住说一句，我在杭州的学校还没有这么好的设备呢！

然而老师们用得却并不多。像英语课，其实国家配有教材资源包，可以在上课时直接使用，而这里的老师们居然不知道，甚至我把资源提供给他们之后，很多老师依然没有用，可能他们习惯了一支粉笔、一块黑板的方式，而且还是选择用中文上英语课。

我想，这是老师受观念所困的缘故。

（二）文化提炼了，但课程没有改变

走进实验小学，会看到正对面是一幢七层楼的行政楼，上面写有八个大字：好好学习，天天向上。右侧是科教楼，一楼大厅是邓小平的题词：教育要面向现代化，面向世界，面向未来。这种感觉有点像我的小学时代。

时代在发展，办学要与时俱进。去年上半年，我们重新梳理了学校文脉，提炼了文化基因，确立了以"伴你高飞"为核心语词的校园文化和学生、教师的培养目标。这是一个大的学校发展框架，只

要再加入一些学校特色课程，学校的品牌就能树立起来了。

比如土家文化课程、阅读课程、北美外教网络课程，以及当时我牵头做过的"一米阳光"德育课程……然而要让一个课程在那里落地，没有想象得这么容易，或者说，"课程"这个词在鹤峰还是个新概念。

我想，这是学校受观念所困的缘故。

（三）生活改善了，但认识没有改变

我到鹤峰之后，特别去找过图书馆或者书店，但书店里大多是玩具和教辅图书，去了一次我就没有再去。当地经济不发达，很多家长忙于赚钱，对孩子的关心基本限于生活保障，即便有时间，他们也很少关注高质量陪伴。那孩子放学后做什么呢？ 一是撒开腿欢跑、运动，二是玩电脑游戏。去年，我班里有个孩子因为玩游戏而跟家长吵了一架，家长向我求助，我跟孩子谈话时，他嘟着嘴说："那我就少玩一会儿，每天两小时好了。"每天两小时，还是已经"少一点"了，这是多么令人吃惊的数字！家长没有能力引导孩子，孩子就只能与游戏为伴，这绝不只是个例。

我想，这是家长受观念所困的缘故。

教育是一项系统工程，要想突围困境，首先要改变观念。从这个意义上说，困境既是起点，也是方向，它带给我们一种力量，我把它叫作牵引力。

这三种力量——内驱力、支持力、牵引力——是我心目中教育的理想样貌，它促使着我去思考：我该做些什么、我能做些什么。

这一年半，在大家的鼓励下，我完成了一些事情。同时，我也和亲爱的胜利人一起做了很多事情：学校两次派出小分队奔赴千里送教，校长也来慰问我；杨洁、茜丹、叶晋、陈松法等多位老师为那里的师生上课、讲座，为老师们带去了很多宝贵的经验；傅蝶老师通过互联网为鹤峰孩子上课；范俊健和王媛老师组织两地四、五年级的孩子开展书信交友；"99公益日"，全校师生为山区孩子"免费午餐"项目进行捐助；2018年、2019年，我们两次为贫困生开展爱心义购，还组织学生与小杰见面，当时，学校行政四年级组和孙平老师、蔡爱朵老师给了我很多帮助……

　　这些事情不是一个人可以完成的，家人的支持给了我前行的力量。支教结束时，当地孩子们说谢谢我，老师和领导说谢谢我，而我最想谢的是全体胜利人。这不只是因为大家带给山区、带给我的一次次帮助，更是因为在我短暂而又漫长的一年半中所给予的陪伴、勇气和鼓励。

　　感谢胜利，感谢家的温暖！

那些闪光的日子

　　回到杭州的这些天，正值新春前夕。我马不停蹄地在学校做工作分享，和同事聚餐畅叙，接受各级组织的新春慰问，还抽空去湖北观看了鹤峰孩子们的演出，为学校与中天集团做最后一次交接。而当沉夜来临，一切归于寂静，方觉时间在指尖流逝得匆匆，一抬头，一晃眼，离开鹤峰已10日有余。朋友圈依然可见鹤峰朋友们的动态，但我们彼此心知，下一次再见，真不知何时。

　　这几日，杭州的气温比鹤峰高些，我坐在车里，看到午后的阳光极力透过雾蒙蒙的空气和我的脸庞亲密接触，它奋力的姿势让我想起自己在鹤峰宿舍里，看着它穿越厚厚云层终于绽露光芒的那些时刻。同宿舍的熊医生笑称我"太阳"，精力旺盛，心态积极，然而太阳也会被薄雾浓云笼罩。这些天一个人安静下来时，我的思绪就会长出脚来，轻轻悄悄、摇摇晃晃，奔向八峰山的凌云道，飘过娄水河的扶栏边，停到步行道的奶茶店前，走在满是鹦鹉螺化石的街道上。

　　这条街道是鹤峰县城的中心地带，也是我从宿舍去往县实验小学的必经之路。那些500多个日日夜夜，我在这条街上帮学生打过伞，和同事散过步，跟朋友吹过牛，跟家长聊过天，我在这里跑过、跳过、笑过、哭过、沉思过、欣喜过，它上面的每一块青砖都见证着我的成长历程，记录着我在这里的每一个闪光的日子。

2018年的初夏，鹤峰县教育局副局长张新风带着我第一次踏上这条步行街。我仰视学校门楣上费孝通先生的厚重题字"鹤峰县实验小学"，心里多少有一些对未知旅途的忐忑，但实验小学易爱民校长和整个校委班子跟我的第一次热情诚挚的谈话便让我这个异乡人放下了心。之后，恩施州委常委、副州长吴槐庆为我们整个恩施州挂职专技人才团队接风，杭州派驻鹤峰的县委常委程志强、扶贫办副主任罗亨斌为我联系住宿、指导工作，帮助我尽快适应当地生活和工作环境，同时又有朱强、熊娟娟等其他优秀挂职战友的鼓励和陪伴，我感受到了自己"不是一个人在战斗"。我开始和同事分享班级孩子们的点滴故事，和战友们一起经历新环境的磨合期，一起探索莽莽大山里的各个角落，在异乡的日子因为这些友爱的面庞而变得生动起来。

秋天，是鹤峰最美的季节。山路蜿蜒，研训中心副主任高德义带我驱车下乡，天高云淡，层林尽染，树树秋色，山山落晖。一路上，高主任描述着自己对全县小学英语教学的期待："你到这里来就太好了！我们这里有几个娃娃还真是不错，我们一起肯定可以做点事情出来。""娃娃"，是这个已逾退休年龄的小学英语教研员对年轻老师的亲切称呼。从那个秋天开始，我们带着英语老师走进铁炉乡、中营镇，一同讨论怎样提高单词教学的效率；在邬阳乡和燕子乡的冬日暖阳里，我们和六年级孩子一起讨论在人工智能背景下，What job do you want to do in the future；我们不仅在线下探讨何为课堂中的"真实对话"，也通过微信为恩施州优秀课例比赛琢磨细节……在一次次亲历和互动中，我认识农村教育的触角逐渐延伸，对山区教育的思考逐渐聚焦。支教的日子也因为这些认识和思考而变得充实起来。

山里的雪下得早，一入冬便会带给你一场场猝不及防的惊喜。大地蛰伏、气温骤降的时节，冰封的山路两侧会有成片雾凇迎寒傲立，成就一道绝美的风景，但道路对路人却不再友好，除了偶尔在好天气的周末爬爬毛竹山、走走芭蕉河，我很少外出。下了班，我会像个地道的鹤峰人一样把脚搁进烤炉桌，沏一壶茶，捧一本书，写一点随笔，有时和宿舍楼的"挂友"们谈天说地。这些"挂友"除了来自杭州上城区的五个战友之外，还有来自临安人民医院的、恩施民大医院的、武汉协和医院的医生，他们有的妙语连珠，幽默风趣；有的内敛寡言，却体贴关怀；有的稳重自持，却观点独到，有人烧得一手好菜，有人是科室"一把刀"。远离家乡，我们互相照应，每当向医生们请教自己和家人的小病小痛，我都能得到热情而真诚的回应。更多时候，我们的话题会始于教育、医疗，终于彼此的人生感悟。临近年关，窗外寒风凛冽，但6号楼的友谊却温暖了我整个冬天。那些普通的日子，因为这些不一样的人而变得闪亮起来。

春发，夏盛，新的一年播撒希望，弥漫芬芳。这一边，孩子们的心按捺不住了，校园除了琅琅书声，也因各样的活动而欢腾着；那一边，易校长决定接受我的提议，静下心来，重新定位校园文化，与当前时代同频共振。一边是对学校和环境日益熟悉，一边是脑海中的问题不断叠加：在当前情况下，我还能带给学校什么帮助？校园文化框架一旦确定，哪些课程可以树立品牌？学校没有集体阅读的氛围,可以通过什么办法营造？孩子没有合适的锻炼场地,运用什么方式能使他们养成健身习惯？如何为毕业班孩子树立一点有价值的学习观？贫困生小杰善良淳朴,如何有效又得体地缓解他家的生活困境？……在鹤峰的日子因为这一个个问题而变得忙碌起来。

之后,是又一个秋与冬的轮回。在平淡无奇的日子里,我动容于一个个熠熠生辉的时刻:10月8日,新操场建成,11月1日,鹤鸣书苑竣工,11月起,一批批爱心图书从杭州、武汉接连送达,12月2日,校园文化框架形成,12月15日,鹤鸣书苑第一次读书分享会开启,捐赠的65寸教学一体机同日送达……每个时刻的美好都值得铭记,每份真挚的情意都值得珍藏。过完元旦便近别离,孩子们送我卡片,为我献歌,我拥抱他们,心中万分不舍；告别聚餐上,同事们送我用心用情的礼物,让我泪目……每一天清晨,我既期待新的开始,又留恋昨日的逝去。日子像斑驳在阳光下的叶片,闪着莹亮的光,也像风儿送来的歌声,转身便只留下绕梁余音。

时光荏苒,四季更迭。在广袤的空间和无限的时间之中,人类永远是渺小而短暂的。无论我们身处何方,岁月的长河都汩汩向前,流淌不变,而我们却因为曾经走进生命的那些人、那些事而不断蜕变、不断沉淀,不断铸就每一个现在的自己。若是问一句:喜欢现在的自己吗？我会肯定地回答:喜欢。人生是一场修炼,生命也因不断汲取、不断完善而变得美好。回首这一年半,既是一次丰富的旅程,也是一段难忘的经历。

一、在大图景里寻找定位

在这里，我的身份不再只是一名普通的英语教师，我还是鹤峰县实验小学的挂职副校长，是鹤峰县研训中心邀请送教下乡的专家，是鹤峰县多项公益项目的发起者、倡议者和参与者，是杭、恩两地的文化交流使者，是杭州美好教育的代名词，更是东西部扶贫战线上的螺丝钉。身份的转换带来视角的转换，我因此看到了中国教育的更大图景，了解到农村基层教育的复杂现状。唯经历，方理解，这样的转换让我对农村师生和教育生态抱持更多理解，也让我更客观理性地看待杭州教育。农村的孩子缺什么？系统的运作缺什么？我在杭州可以给他们什么、应该给他们什么？有比较，才能让定位更趋客观，也才会有新的思考、新的发现。

二、在长时间中珍惜留白

以前在杭州，时间总是过得飞快，日程总是排得很满，我和所有胜利小学的老师一样，常常从一个教室奔向另一个教室，从一个会议室赶往另一个会议室。正因节奏这么快，我才会觉得一些情绪无法消化，一些细节考虑不周，但时间又催促着自己，所以我只能带着遗憾去经历下一个遗憾。在恩施的这一年半，日子慢下来了，我开始有时间和自己的内心对话，有时间将一本书仔仔细细地看完，有时间和舍友将一个很小的问题讨论得足够深入，也有时间在本子上、在键盘上记录一些细碎。这是时间的留白，也是孤独的馈赠，它未必产生价值，却必不辜负岁月。感恩这一年半，这份留白，荡涤心灵，弥足珍贵。

三、在远距离外感受温情

小时候写作文《我爱我的家乡》无从落笔，是"只缘身在此山中"。同样，在杭州时并不觉得杭州多好、上城多好、学校多好，而远赴千里之外才真切感受到它之于我的意义和分量。

真诚感谢组织一直给予我的温暖和帮助。独在异乡为异客，这一年半，我是孤独的，但每次我有需要的时候，组织都会在背后支持我、鼓励我。从上城到鹤峰要经历八九个小时的山路奔波，区领导、局领导、校领导还多次慰问，多次派小分队赶赴送教；当地的同事需要资源，胜利的老师二话不说，第一时间倾囊相授；我在鹤峰发起和参与多项公益活动，学校不遗余力帮忙宣传动员，有时是为山区孩子"免费午餐"项目捐助，有时是为贫困生"土豆男孩"爱心义购，还有一次是组织孩子和"土豆男孩"见面；当地孩子想结交远在杭州的小伙伴，四、五年级的老师马上行动组织书信交友……我在鹤峰的所做、所思也都带有上城、带有胜利小学的深深烙印，小到为学生布置一项作业，大到为学校顶层设计提供建议，无一不受其影响。也正因如此，每当上城教育团队来访鹤峰，我就像看到亲人一样，特别暖心，这种体验，怕是只有经历过才能懂得。

支教是我年轻时的梦，而今梦圆无憾，鹤峰的日子也慢慢变成相册中的一张张照片。今后，这些日子仍将滋养我、哺育我，融入我的人生长河，化为我的激情和力量。一个人最美的姿态是努力向上，我喜欢看这段时光里努力的自己，也喜欢因自己的努力而变得更加美好的这些时光。我知道它们终将和我一同老去，但那些时光里，有岁月可回首，有前程可奔赴，更有一个个日子闪着光。

后 记

　　作为第一批到湖北省恩施土家族苗族自治州鹤峰县支教的老师，我在当地的生活受到了我的领导、同事、亲朋好友的悉心关怀。因为语言、习俗、工作方式的差异，初进鹤峰时，远离亲人的孤寂曾让我在有些不适。但当课堂上土家娃儿红扑扑的脸蛋上露出甜美的笑容，当他们在课间挤在办公室门口偷偷张望我，当洋芋粑粑成为舌尖的美食，喝苞谷酒的"逮、挫、擦"成为难忘的经历，当山间的行走和粗犷的土家话偶尔出现在我的梦中，我猛然发现，自己已不再孤单。

　　感谢这一珍贵的经历，虽然大多数时候它是平淡的、简单的，但它为一个渴望以有限的生命感受教育脉动的老师打开了一扇神奇的窗。在那微风吹拂的窗口，那些关乎情谊、勇气、力量、视野和信念的东西，以一种全新的面目向我呈现，让我思考，引我发问，不断地推动着我写下这些素朴而炽热的文字，任我在这片天地里感受那些前所未见的热情与粗砺。

　　这是一本生活杂记，也是一本教育随笔，在七个章节的叙写中，我试图描摹支教老师眼中的鹤峰样貌，和帮扶工作的某些片段。它必然不够深刻，也一定不够全面，甚至无法称其准确，但我希望透过日常的点滴细节，为上城教育在国家东西部扶贫战略部署下的帮扶工作提供一份印迹。

本书的整理出版，离不开大家的鼓励和支持。我特别感谢上城区教育局和胜利小学的领导和同事们。能有幸成为上城支教团队一员，经受特殊的教育洗礼，是组织对我的信任。一年半时间里，教育局和胜利小学多次组团来鹤峰送教并看望我。在书稿的整理过程中，我得到教育局局长项海刚先生的鼓励和指导，完稿后，项局长还在百忙之中提笔作序，勖勉有加。2019年冬，胜利小学团队来鹤峰慰问，彼时，带队的郭荣强校长与我还是第一次见面，得知我在写支教随笔后，郭校长不仅鼓励我继续写作，还建议结集成册，之后又为此书争取"金穗计划"支持。可以说，没有教育局和学校的大力支持，就没有此书的顺利出版。

感谢杭恩帮扶工作队的领导和朋友们。在鹤峰，我和来自教育、医疗系统以及政府部门的同志们一起，在吴槐庆、孙伟两位领导的带领下，顺利圆满地完成了帮扶任务。程志强、罗亨斌两位领导积极促成了县实验小学跑道的重修，朱强、熊娟娟两位同伴不仅支持我开展"一米阳光"公益课堂，还时常为我提供写作素材。同时，也感谢中天交通集团董事长楼国栋先生的慈善义举，他为县实验小学的孩子重建了"鹤鸣书苑"图书馆，捐赠了新书和一体机。就在上个月，我听闻鹤鸣书苑依旧持续开展"一米阳光"公益课堂，真让人欢喜！

感谢鹤峰县教育局、鹤峰县实验小学和鹤峰县中心医院的领导、老师和医生们。在鹤峰的一年半时间，受到太多人的照拂，借此感谢县教育局两任局长徐家富、覃文全和县教研室高德义老师的鼓励，感谢县实验小学易爱民校长和老师们真诚的关爱，感谢县中心医院骆渊海院长提供舒适的食宿和写作环境。

这本书得以付梓出版，还要感谢很多人。感谢蔡爱朵老师不辞辛苦，为本书删繁就简、梳理脉络；感谢陈天伟老师为本书字斟句酌、精准斧正；感谢唐慧慧老师为本书设计校稿、联系付印；感谢很多关心我、鼓励我的朋友们，为我的写作提供各种便利。在此请大家接受我深深的感激和敬意。因本人水平有限，书中的疏漏和不足在所难免，不当之处，恳请批评指正！

2022 年 4 月

图书在版编目 (CIP) 数据

行走在山间：恩施支教手记 / 刘珂羽著. — 杭州：
浙江大学出版社，2022.5
ISBN 978-7-308-22507-6

Ⅰ.①行… Ⅱ.①刘… Ⅲ.①教育－扶贫－恩施土家
族苗族自治州－文集 Ⅳ.①G527.632－53

中国版本图书馆CIP数据核字(2022)第059024号

行走在山间——恩施支教手记

刘珂羽 著

责任编辑	余健波
责任校对	何 瑜
封面设计	项梦怡
出版发行	浙江大学出版社
	（杭州市天目山路148号 邮政编码310007）
	（网址：http://www.zjupress.com）
排 版	杭州朝曦图文设计有限公司
印 刷	杭州宏雅印刷有限公司
开 本	880mm×1230mm 1/32
印 张	8.75
字 数	192 千
版 印 次	2022 年 5 月第 1 版 2022 年 5 月第 1 次印刷
书 号	ISBN 978-7-308-22507-6
定 价	58.00 元